餐饮服务

主　编　尹倩倩　邹敏　范守才

副主编　范海英　王晓君　郑志才　刘　静
　　　　陈　晶

参　编　邵媛媛　李　敏　常晓蕾　王　瑄
　　　　徐欣欣　黑伟钰　刘雪峰

主　审　潘小慈

北京理工大学出版社
BEIJING INSTITUTE OF TECHNOLOGY PRESS

图书在版编目（CIP）数据

餐饮服务 / 尹倩倩, 邹敏, 范守才主编. -- 北京：
北京理工大学出版社, 2024.1
　　ISBN 978-7-5763-3614-6

　　Ⅰ. ①餐… Ⅱ. ①尹… ②邹… ③范… Ⅲ. ①饮食业
—商业服务—中等专业学校—教材 Ⅳ. ①F719.3

　　中国国家版本馆CIP数据核字（2024）第045983号

责任编辑：王梦春　　　文案编辑：邓　洁
责任校对：刘亚男　　　责任印制：边心超

出版发行 / 北京理工大学出版社有限责任公司
社　　址 / 北京市丰台区四合庄路 6 号
邮　　编 / 100070
电　　话 / （010）68914026（教材售后服务热线）
　　　　　　（010）68944437（课件资源服务热线）
网　　址 / http://www.bitpress.com.cn

版 印 次 / 2024 年 1 月第 1 版第 1 次印刷
印　　刷 / 定州启航印刷有限公司
开　　本 / 889 mm×1194 mm　1/16
印　　张 / 13
字　　数 / 280 千字
定　　价 / 89.00 元

前 言
PREFACE

民以食为天，我国餐饮服务产业发展日新月异，结构化转型升级迅速，已经成为国民经济重要增长极，对餐饮服务人才提出更高要求。新时代餐饮服务从业者是中华传统饮食文化的传承者、传播者，应践行健康中国理念，展示中华礼仪之美，彰显"中国服务"形象。

为更好地关注酒店新业态，把握行业对酒店人才培养的新需求，编者集合多位具有丰富餐饮经验的大师，系统地研究了行业标准，梳理岗位典型的工作任务及各级各类餐饮比赛规程、标准等编写此书。通过本书，读者应当具备从事餐饮服务岗位的基本知识及操作技能，掌握现场分析与处理问题技巧，提升对客服务意识、卫生安全操作意识、心理素质，培育和弘扬工匠精神。

本书整体内容选取和编排上，突出实用性、时效性和新颖性，主要包含以下几个特点。

一是重点融入中华传统饮食文化、服务礼仪、工匠精神、职业道德、团队精神、安全卫生等方面内容，与读者分享和餐饮行业有关的思想品格，提高读者的职业素养，培养读者的职业能力，引导读者树立正确的职业观、价值观。

二是进行了逻辑梳理，在本书中，每个主题下设置的项目概览版块，帮助读者更加直观了解主题要点。其次，本书的内容设计完整，设计了实训任务工单（可通过扫描前言中的二维码下载），并配套了操作流程、操作视频及考核标准，旨在帮助读者规范化操作。

三是立足岗位，标准衔接。本书创设工作情境，贴近行业发展，融入新技术、新工艺、新规范等，如点菜方式、结算方式的变革对应工作内容变化，个性化需求带来的订单式服务，人工智能使部分服务内容转化等等。此外，本书在服务内容、服务方式、服务标准等方面做了更新设计，希望可以培养读者与时俱进的思维力和创新力。

本书在编写过程中得到了国务院政府特殊津贴专家、全国首批"中国餐饮服务大师"潘小慈教授全程指导与帮助，借鉴了部分知名专家、学者的经典理论和著作、文献，参考了许多网站资料，还得到了苏州金鸡湖大酒店、青岛皇冠假日酒店、青岛香格里拉大酒店、山东舜和酒店集团、潍坊富华大酒店、济南凯宾斯基酒店等企业单位的大力支持，在此一并向相关人员表示衷心感谢。

最后，希望本书能够成为读者在餐饮服务领域的指南和良师益友。无论是即将踏入餐饮行业的新手，还是已经在这个领域中耕耘多年的从业者，都将从中获得启发和帮助，不断提升自己的服务水平，为顾客带来更加优质、愉悦的用餐体验。让我们一起，用真诚的服务，为餐饮行业增添更多的精彩！

由于编者水平有限，书中难免存在疏漏和不妥之处，敬请专家、读者批评指正。

实训任务工单

目录
CONTENTS

主题1　餐饮服务基础知识与技能

主题概览

　　餐饮服务基础知识与技能包括餐饮服务岗位认知、端托技能、餐巾折花技能、摆台技能、斟酒技能和分菜技能六大学习任务。本主题的主要作用是使学生初步了解酒店组织架构和岗位职责，掌握中餐摆台的相关技能和餐厅服务员需具备的基础知识与技能，使学生热爱餐饮服务行业，树立为客人提供优质服务的理念，从而养成良好的职业素养并提高职业能力。

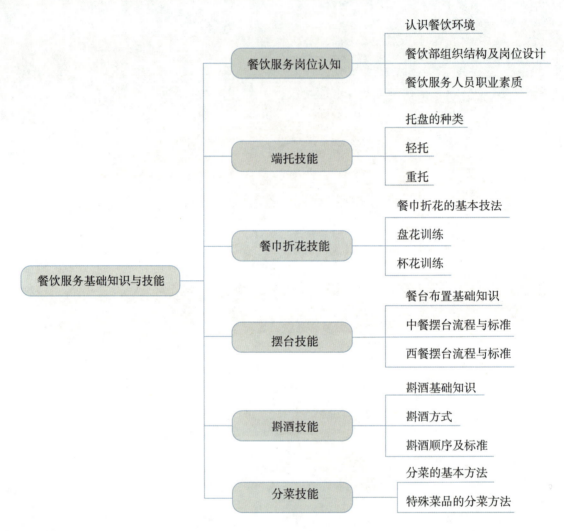

知识目标

1. 了解餐饮服务岗位设置及职责；
2. 掌握轻托和重托的操作要领及方法；
3. 掌握餐巾折花的基本技法；
4. 掌握中、西餐零点和宴会摆台的操作流程与标准；
5. 掌握斟倒酒水的服务流程和标准；
6. 掌握分菜的基本方法。

能力目标

1. 能够运用基本技法熟练折叠杯花和盘花；

2. 能够规范完成中、西餐零点和宴会摆台操作；

3. 能够根据不同酒水的存放和饮用特点为客人提供相应的酒水服务；

4. 能够正确为客人提供分菜服务。

素质目标

1. 提高个人礼仪修养，塑造良好的个人形象；

2. 具备良好的服务意识和吃苦耐劳的精神；

3. 养成良好的职业素养，热爱餐饮服务行业。

学习任务1　餐饮服务岗位认知

情境导入

××中职学校高星级饭店运营与管理专业三年级学生小温来到××五星级酒店实习。刚到酒店的第一天，人事经理就为她介绍了酒店的各个部门，并带领她参观了前厅、中餐厅、西餐厅、客房、会议室等场所，使小温对这个陌生的酒店有了初步的印象。

分析：餐厅是酒店最主要的部门之一，在餐厅工作前，首先要熟悉餐厅环境，了解餐厅服务人员的工作职责，逐步树立为客人服务的意识。

 一、认识餐饮环境

（一）餐厅的概念

餐厅或餐馆（Restaurant），是指通过出售菜肴、酒水及提供相关服务来满足客人饮食需求的场所。

餐厅的具体概念：

（1）具备一定的场所，即具有一定接待能力的餐饮空间和设施。

（2）能够为客人提供菜肴、饮料和服务。菜肴、饮料是基础，而餐饮服务则是保证。

（3）以盈利为目的。餐厅是饭店获得厚利的部门之一，餐饮从业者应致力于开源节流，以获取最佳的经济效益。

（二）餐厅的空间布局

餐厅的空间布局及环境气氛，是餐厅经营理念和经营风格的外在表现。也就是说，空间布局合理与否，氛围是否良好，不仅影响用餐客人的心境好坏，也影响服务员的服务质量高低。

餐厅在空间布局上要做到合理安排客人活动线、服务员活动线、物资活动线，三线不能交叉，更不能重叠。餐厅空间的划分因规模和档次而异。规模越大、档次越高，其空间划分就越分明；反之，则越模糊。

餐厅空间一般分为就餐空间、公共空间和服务空间。就餐空间可分为大厅和厅房，主要由餐桌、餐椅和通道组成，是客人在餐厅中的就餐区域，其所占空间比例最大，是餐厅的主要组成部分。公共空间是餐厅里可供客人活动或观赏的空间，如门面、门口与就餐区的缓冲空间、走廊、通道、卫生间、休息区域等。服务空间是餐厅为客人提供服务所需要的空间，如迎宾引导区、收银台、食品展示区、备餐柜等。

（三）饭店常见餐饮设施及服务项目

1. 中餐厅

中餐厅（Chinese Restaurant），是指主要向客人提供中式菜点的餐厅，其装饰布置、环境气氛、服务方式充分体现中华民族传统特色和文化底蕴。我国的酒店大多设一至数个中餐厅，提供中式菜肴。中餐厅主要经营川菜、粤菜、鲁菜、淮扬菜等菜系；同时，也向客人提供不同规格、档次的餐饮服务，一般提供午、晚两餐服务。

2. 西餐厅

西餐厅（Western Restaurant），以经营法、意、英、德、俄、美等欧美主要国家的菜式为主。四星、五星级酒店一般设有提供法式或意大利式菜肴的西餐厅。高档法式餐厅又称为"扒房"，以供应法式菜为主，一般装饰成法式宫廷风格，设施、设备豪华，菜单设计精美考究，就餐气氛高雅、浪漫，多采用法式服务，供应全套西餐，装备了铁板烧和各种烹调小车，注重客前烹制。

3. 咖啡厅

咖啡厅（Coffee Shop），主要供应咖啡、酒类饮料、简便西餐、时尚美食和风味小吃。为了方便客人用餐、会客和非用餐时间段的餐饮消费，三星级以上酒店都在一楼大堂附近设有提供简单西餐、当地风味快餐或自助餐服务的咖啡厅。咖啡厅分不同时间段为客人提供早餐、早午餐、午餐、下午餐、晚餐和宵夜。

4. 大型多功能厅

大型多功能厅（Function Hall）是餐饮部面积最大的活动场所，功能齐全，既可以举办大型中餐宴会、西餐宴会、冷餐酒会、鸡尾酒会，还可以根据需求举办记者招待会、新闻发布会、时装展示会、学术会议等。多功能厅可以用活动墙板分隔或调整，以便同时举办不同的活动。

5.小宴会厅

小宴会厅（Private Room）通常又称为包间，一般可以满足1～3桌小型中餐、西餐宴会和其他餐饮活动的需求，从而保证客人不受外界打扰。每个小宴会厅都有自己的名称，且装饰风格各异。

6.特色餐厅

特色餐厅（Specialty Restaurant）具有鲜明的主题，围绕一定时期、地域、文化艺术、风土人情等设计菜单，服务方式和程序及进餐氛围可以满足客人追求个性化生活和品味异域文化的需求，如啤酒坊餐厅、日本料理餐厅、韩国烧烤餐厅、海鲜餐厅、泰国餐厅和文化主题餐厅等。

7.酒吧

酒吧（Bar）是销售各种酒类、饮料和小食品，供客人休闲、聚会、品味酒水的场所。酒吧一般必备三个条件：一是配备种类齐全和数量充足的酒水，按照贮存要求陈列摆放；二是要有各种用途的载杯；三是配备供应酒品必备的设备和调酒工具。酒店中常见的酒吧种类有主酒吧、酒廊、服务酒吧、宴会酒吧、康乐吧、迷你吧等。

二、餐饮部组织机构及岗位设计

（一）餐饮部组织机构

1.餐饮部组织机构设置的原则

餐饮部作为酒店的一个重要部门，其机构设置和人员配备应根据需要因事设岗，且要力求精简；各级机构职责分明，应遵循以下四个原则。

（1）精简。精简就是在组织机构设置时，应尽量减少层次，讲求实效，避免架构臃肿，人浮于事。

（2）统一。统一就是机构设置要符合统一领导的原则。整个组织机构必须是一个统一的整体，要统一划分各个部门的职权范围，统一制订主要的规章制度。

（3）自主。自主就是各部门各环节能够自主地履行职能。机构的设置必须为各部门各环节自主地履行职能提供条件，以发挥其主观能动性。

（4）效率。效率是机构设置的最高原则。精简、统一、自主都是为效率服务的。而效率又是衡量精简、统一、自主的标准之一。

2.餐饮部的组织架构

由于酒店规模大小不一、经营思路不同等因素，餐饮部组织机构的架构也不尽相同。图

1-1-1是大中型酒店餐饮部常见的组织架构。

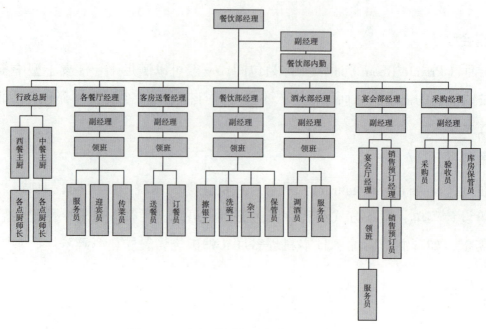

图1-1-1   大中型酒店餐饮部常见的组织架构

（二）餐饮部岗位设计

餐饮部岗位包括经理、主管、领班、迎宾员、服务员、收银员、传菜员等，不同岗位的工作人员分工明确，各司其职。

1. 餐厅经理

（1）全面负责餐饮部的各项工作，带领本部门员工完成各项接待任务和经营指标。

（2）负责制订本部门各项管理制度、服务标准和操作规程，检查并落实到位。

（3）加强对餐厅的日常管理力度，不断提高服务质量，培养和提高下级管理人员的现场监督能力和管理水平。

（4）抓好设施设备的维护保养和管理工作，使之保持完好的状态，防止事故的发生。

（5）检查、督导员工严格执行服务规程，做好餐前准备、餐中服务和餐尾复原工作，并与厨房保持密切联系，做好协调工作。

（6）做好VIP客人的安排和接待工作，负责餐厅工作人员调配，确保餐饮服务的质量和效率。

（7）妥善处理客人对餐厅工作提出的意见、建议和投诉，不断提高服务质量。

（8）制订员工培训计划，配合有关部门对餐厅员工进行定期考核、培训，提高其业务水平。

（9）做好餐厅使用物品的管理工作，提高使用率，降低物料消耗，减少浪费。

（10）主持餐厅日常工作例会，及时发现问题、解决问题。

（11）了解和掌握本部门员工的思想状况，做好思想工作，保持员工情绪稳定。

2. 餐厅主管

（1）接受餐厅经理指派的工作，全权负责本区域的服务工作。

（2）协助餐厅经理拟订本餐厅的服务标准和工作程序。

（3）配合餐厅经理对下属员工进行业务培训，不断提高员工的专业知识和服务技能。

（4）妥善处理客人投诉，不断改善服务质量，加强现场督导，及时发现并纠正服务中产生的问题。与客人建立良好的关系，并将客人对食品的意见转告总厨师长，以期改进工作。

（5）严格管理本餐厅的设备、物资、用具等，做到账物相符。

（6）确保餐具、用具的清洁卫生，维护餐厅的环境卫生。

（7）做好餐厅的安全和防火工作。

（8）每日检查餐厅设施是否完好，及时向有关部门汇报家具及营业设备的损坏情况，向餐厅经理报告维修情况。

（9）负责重要客人的引座及送客致谢服务工作。

3. 餐厅领班

（1）负责本班组员工的考勤。

（2）根据客情安排好员工的工作班次，并视客流情况及时进行人员调整。

（3）以身作则，指导和监督服务员按要求与规范工作。

（4）接受客人订单、结账，核查账单，保证在交给客人签字、付账前完全正确。

（5）带领服务员做好班前准备工作与班后收尾工作。

（6）处理客人投诉及突发事件。

（7）将顾客点餐订单转给后厨，确保食物按时出餐。

（8）营业结束后，带领服务员做好餐厅卫生，关好电灯及电力设备的开关，锁好门窗、货柜。

（9）与厨房员工及管事部员工保持良好关系。

4. 餐厅迎宾员

（1）在餐厅入口处主动、热情、礼貌地问候客人，引领客人至合适的餐桌，拉椅让座。

（2）递上菜单，并通知区域值台员提供服务。

（3）熟悉本餐厅内所有餐桌的位置及容量，确保做好相应的引领工作。

（4）将客人平均分配至不同的服务区域，以平衡各值台服务员的工作量，保证服务质量。

（5）在营业高峰餐厅满座时妥善安排候餐客人。若客人愿意等候，则请客人在门口休息区域就座，并告知大致的等候时间；如果客人是住店的，也可以请客人回房间等候，待餐厅有空位时再通知其前来用餐；还可以介绍客人到酒店的其他餐厅就餐。

（6）记录就餐客人的人数及其所提出的意见或投诉，并及时向上级部门汇报。

（7）协助客人存放衣帽、雨具等物品。

（8）积极参加各项培训，不断提高自己的综合素质和业务水平。

5. 餐厅服务员

（1）负责擦净餐具、服务用具，做好餐厅的清洁卫生。

（2）到仓库领货，负责餐厅各种布件的点数、送洗和记录工作。

（3）负责补充工作台上的各种物品，并在开餐过程中随时保持其整洁。

（4）按本餐厅的要求摆台，并做好开餐前的一切准备工作。

（5）熟悉本餐厅供应的所有菜点、酒水，并做好推销工作。

（6）接受客人点菜，并保证客人及时、准确无误地得到菜品。

（7）按餐厅的服务标准为客人提供尽善尽美的服务。

（8）在开餐过程中关注客人的需求，在客人需要时能做出迅速的反应。

（9）负责客人就餐完毕后的翻台或为下一餐摆台，做好餐厅的营业结束工作。

（10）积极参加培训，不断提高自己的服务水平和服务质量。

（11）按照服务程序、标准，指导见习生的日常工作。

6. 餐厅收银员

（1）做好班前准备，认真检查电脑、打印机、计算器、验钞机等设备的工作状况是否正常，并做好清洁保养工作。

（2）接听订餐电话，记录当天预订桌数、订餐客人的信息，确保准确无误。

（3）做好结账收款工作，打印客人各项收费账单，根据客人的合理要求开具发票。

（4）制作、呈报各种财务报表。

（5）为客人提供所需要的信息，热情、周到、细致地满足客人提出的各种合理的需求。

7. 餐厅传菜员

（1）在开餐前负责准备好调料、配料和传菜夹、画单笔等，主动配合厨师做好出菜前的所有准备工作。

（2）负责小毛巾的洗涤、消毒工作或去洗衣房领取干净的小毛巾。

（3）负责传菜间和规定地段的清洁卫生工作。

（4）负责将点菜单上所有菜点按上菜次序准确无误地传送到点菜客人的值台员处。

（5）协助值台员将脏餐具撤回洗碗间，并分类摆放。

（6）妥善保管点菜单，以备查核。

（7）积极参加培训，不断提高自己的服务水平和服务质量。

三、餐饮服务人员职业素养

（一）素质要求

1. 思想素质

良好的思想素质是做好服务工作的基础。因此，对餐厅服务人员思想素质的具体要求如下：

（1）树立正确的服务观念

从事餐饮服务的工作人员必须充分认识餐饮服务工作的价值，热爱自己的专业，能有意识地培养自己对餐厅服务的浓厚兴趣，不断努力学习，奋发向上，尽忠职守，开拓创新；以主人的身份，始终如一、全心全意地为每位就餐的客人服务。

（2）培养高尚的职业道德

职业道德是人们在一定的职业活动范围内所遵守的行为规范的总和。餐饮服务人员的职业道德有其特殊性，归纳起来主要包括以下几方面内容：①满腔热忱、乐于助人的服务精神；②文明礼貌、不卑不亢的职业风尚；③诚信无欺、真实公道的经营作风，廉洁奉公、谦恭自律的优良品质；④团结友爱、顾全大局的高尚品格。

（3）具有良好的组织纪律

严格的组织纪律是做好餐饮服务工作的重要保证，餐饮服务人员应具有严格的组织观念和法制观念，自觉遵守企业的规章制度和员工守则，服从工作安排和调动，热情为客人服务，完成本职工作。

2. 业务素质

（1）熟练掌握专业操作技能

餐饮服务的每一项工作和每一个环节都有自己特定的操作标准和要求，因此，餐饮服务人员要努力学习，刻苦训练，熟练掌握餐饮服务的基本技能，明确各项服务的规格、程序和要求，做到服务规格化、标准化、程序化。

（2）不断提高自身的文化素养

具有良好的文化素养和广博的社会知识，不仅是做好服务工作的需要，而且有助于餐饮服务人员养成高雅的气质、广泛的兴趣和坚韧不拔的意志。餐饮服务人员需掌握的知识有菜肴知识、烹饪知识、酒水知识、食品营养卫生知识、酒店服务实用心理学知识、民俗与饮食习惯知识等。

（3）良好的服务态度

服务态度是指餐饮服务人员在对客服务过程中体现出来的主观意向和心理状态，其好坏直接影响到客人的心理感受。服务态度取决于餐饮服务人员的主动性、创造性、积极性、责任感和综合素质的高低。

3. 讲究各种服务礼节

餐饮服务中的各种礼节，贯穿于服务的各个环节，归纳起来主要有问候礼节、称呼礼节、迎送礼节、操作礼节、仪表礼节、宴会礼节等。

餐饮服务人员对客人的礼节礼貌主要表现在语言和行为上。餐饮服务人员工作时的语言特别是规范的接待服务用语，标志着一个企业的管理服务水平。掌握服务用语是提供优良服务特别是提供感情服务的不可缺少的媒介。服务动作快速敏捷、准确无误，举手投足训练有素，也是对客人尊重和礼貌的体现。餐饮服务人员应掌握服务礼节，做到礼貌待客，而这些对于提高服务质量具有极其重要的意义。

4. 健康的体魄和良好的心理素质

（1）身体健康，没有任何疾病和传染性疾病。餐厅服务员必须身体健康，定期体检，取得卫生防疫部门核发的健康证，若患有不适宜从事餐厅服务工作的疾病，应调离岗位。

（2）对服务工作有热情，每天以饱满的精神状态为客人服务。

（3）体格强健。餐饮服务工作的劳动强度较大，对客服务期间的站立、行走、送餐、端托等需要耗费体力，因此，要求餐饮服务人员必须具有一定的腿力、臂力和腰力。

（4）能用平和的心态，满足客人的个性化需求。

（5）对于客人在用餐中的怨言或不满，能够在理解和宽容之后，真诚地向客人道歉。

（二）能力要求

1. 培养自如的语言驾驭能力

语言是沟通和交流的工具，餐饮服务人员在与客人的频繁接触中，掌握并熟练运用服务用语，正确地和客人沟通，用具备亲和力的语言规范地表达，是为客人提供优质服务的保障，也是从事餐饮服务工作必须具备的职业能力之一。

（1）能规范地运用迎宾敬语、问候敬语、称呼敬语、电话敬语、道别敬语等与客人交流和沟通。

（2）能正确运用英语或其他外语为客人服务，并可以解决服务中出现的一些问题。

（3）善于用简单明了的语言来表达服务用意。

2. 具备承受压力的能力和良好的自我控制的能力

作为餐厅服务人员，具备承受压力的能力和自我控制的能力是必备的职业能力之一。面对不同个性客人的不同情况，不仅要处理繁杂的接待业务，还必须保持心态平和。此外，良好的自我控制能力，能让你与同事和睦相处，共同营造轻松的工作氛围。

（1）有较强的自我控制能力，能在短时间内调整自己的不良情绪。

（2）面对压力时，有调整心态的能力，以最佳状态为客人服务。

（3）对客人的过激言行，能以平和的心态和语言平息或化解。

3. 具备较强的人际交往能力

一位合格的餐饮服务人员，必须具备和同事、领导、客人正常交往的能力，能够处理好各种关系。

（1）尊重领导和同事，尊重客人。

（2）准确地把握客人的需求。客人的需求具有多样性与随机性，需要服务员与客人进行及时、有效的沟通交流。

（3）善于与酒店其他岗位的工作人员及时沟通协调，共同完成工作目标。

4. 具备较强的推销能力

餐饮服务人员在餐厅要接触不同层次的客人，在和他们的接触中，菜肴推销能力的高低和酒店的经济收入以及自己的成就感有着直接的联系。

（1）有委婉推销餐饮产品的能力。

（2）有灵活多变的推销技巧。

（3）有丰富多变的推销语言。

5. 培养敏锐的观察力和较强的记忆力

作为一名餐饮服务人员，具备一定的超前判断客人个性化需求的能力能恰到好处地为客人提供超前的服务，这就需要其在工作中仔细观察并反复思考，在将相关信息认真过滤和优化整合之后，得出正确的判断。

（1）有对客人服务的预测能力，提前为客人的需求做好准备。

（2）能在观察客人需求的基础上，具有较强的判断能力，给客人提供最佳的服务。

（3）能根据客人眼神、表情和言谈，在短时间正确判断出客人的身份、文化层面和地位，预测出可以提供的服务项目，从而为客人提供最佳服务。

（三）仪容仪表要求

仪容仪表端庄大方、着装整齐规范，是餐厅服务人员应具备的基本形象，也是与客人沟通交流的最佳形象要求（图1-1-2）。客人在餐厅就餐时，若餐厅服务人员仪表端庄大方、和蔼可亲，便会产生良好的印象。对餐厅服务人员仪容仪表的具体要求如下：

1. 仪容要求

男服务人员：

（1）发型：发不过领，发际不得盖住耳朵，不留大鬓角，发际线清楚，梳理整齐。

（2）面部：不留胡须，保持面部整洁和口腔清洁。

（3）手部：不留长指甲。

女服务人员：

（1）发型：发不过肩，梳理整齐，不染彩色和梳怪异发型。

（2）面部：化淡妆，保持口腔清新。

（3）手部：不留长指甲，不涂彩色指甲油。

图1-1-2　仪容仪表要求

2.仪表要求

餐厅服务人员上岗时，要穿着规定的工装，尺码合适、干净整洁、熨烫平整，纽扣齐全且扣好，不得卷起袖口。按要求将工作牌佩戴在服装指定位置。穿酒店指定的深色鞋，男袜深色且袜筒适中，女袜肉色。

测试题

 一、单项选择题

1.餐饮部组织机构设置的最高原则是（　　）。

A.精简　　　　　　　B.统一　　　　　　　C.自主　　　　　　　D.效率

2.按餐厅的要求摆台，并做好开餐前的一切准备工作的岗位是（　　）。

A.餐厅服务人员　　　B.餐厅迎宾人员　　　C.餐厅传菜人员　　　D.餐厅收银人员

 二、简答题

1.中餐厅的特点是什么？

2.餐厅服务员的工作职责有哪些？

 三、论述题

在餐厅的运营过程中，产品是核心，服务是基础。一名优秀的餐厅服务人员为餐厅带来的不仅仅是客人的高满意度，还有回头客的增加和营业额的提升。请论述优秀的餐厅服务人员需具备哪些服务意识和服务能力。

学习任务2 端托技能

情境导入

实习生小温被安排到某酒店的中餐厅担任服务员一职，中餐厅的郑主管告诉她，餐厅服务人员在服务的过程中使用托盘是必不可少的，于是又向她培训了托盘的操作方法和动作要领。经过练习，小温能够平稳地操作托盘，于是郑主管放心地让她开始服务工作。

分析：托盘是餐厅运送各种物品的基本工具。正确使用托盘，可以提高工作效率、提升服务质量和规范服务工作，这是每个餐厅服务人员必备的基本操作技能。

一、托盘的种类

常见的托盘有塑胶防滑托盘（图1-2-1）、不锈钢托盘（图1-2-2）、银托盘（图1-2-3）、木质托盘（图1-2-4）等。根据用途的区别，托盘又分为大、中、小三种规格，其形状有方形、长方形和圆形等，见表1-2-1。

表1-2-1　餐厅服务常用托盘的种类、用途和规格

种类	用途	规格
大、中长方形托盘（塑胶）	用于重托，主要用于托运菜点、酒水等较重的物品	45cm×35cm
大圆形托盘（塑胶）	用于轻托，主要用于斟酒，上菜，分菜，展示酒水	直径为40cm
小圆形托盘（银或不锈钢）	用于递送账单、收款、递送信件等	直径为30cm

图1-2-1　塑胶防滑托盘　　　图1-2-2　不锈钢托盘　　　图1-2-3　银托盘　　　图1-2-4　木质托盘

二、轻托

轻托一般在客人面前操作，主要用于托送较轻的物品和面客服务时，所托质量一般为5 kg左右。餐饮服务人员的轻托动作要求熟练、优雅和准确，具体操作方法如下：

1. 理盘

根据所托物品选择合适的托盘并清洁（图 1-2-5），如果不是防滑托盘，则在盘内垫上洁净的垫布（图 1-2-6）。

轻托

图 1-2-5　清洁托盘　　　　图 1-2-6　托盘垫布

2. 装盘

根据物品的形状、体积和使用先后顺序合理安排装盘，以安全稳当和方便为宜（图 1-2-7）。一般是重物、高物放在托盘里面，轻物、低物放在外面；先上桌的物品在上、在前；后上桌的物品在下、在后（图 1-2-8）。要求将物品均衡分布，且重心靠近身体。

图 1-2-7　两瓶装盘　　　　图 1-2-8　三瓶装盘

3. 起盘

起盘时，应先将左脚或右脚向前迈一步、上身前倾向桌面30°～45°，再将托盘用右手拉出 1/3，左手五指分开，掌心向上伸入盘下中央（图 1-2-9），待掌握好重心后，用右手协助将盘面托起，左手臂垂直平托略低于胸前（图 1-2-10）。

图 1-2-9　起盘姿势　　　　图 1-2-10　起盘完成

4.行走

行走时，要做到头正肩平、上身挺直、两眼平视，前方托盘不贴腹、不撑腰。随着步行的节奏，托盘可在身前自由摆动、但步伐幅度不宜过大。应保持酒水、汤汁不外溢，使端托的姿势美观大方且轻松自如（图 1-2-11 和图 1-2-12）。

图 1-2-11　托盘行走（1）　　　　图 1-2-12　托盘行走（2）

5.卸盘

到达目的地后，屈膝直腰，将托盘平稳地放在工作台上，再安全取出物品（图 1-2-13）。用轻托方式给客人斟酒时，要随时调节托盘重心，勿使托盘翻倒。

图 1-2-13　卸盘

三、重托

重托是托载较重的菜点和物品时使用的方法，所托质量一般为 10 kg 左右。目前国内饭店使用重托的不多，一般用小型手推车递送重物，既安全又省力，操作方法如下：

1.理盘

将物品合理摆放在托盘内，要求托起后，将重心靠近身体。

2.起盘

双手将托盘移至工作台外，用右手拿住托盘的一边，左手伸开五指托住盘底，待掌握好重心后，用右手协助左手向上托起；同时，左手向上弯曲臂肘，向左后方旋转180°，擎托于肩外上方，做到盘底不搁肩，盘前不靠嘴，盘后不靠发，右手自然垂下或扶住托盘的前内角。

3. 行走

上身挺直，两肩放平，行走时步伐轻快，肩不倾斜，身不摇晃，掌握重心，保持平稳，动作和表情要轻松、自然。

4. 放盘

屈膝直腰，放下托盘。

双手托盘

测试题

 ### 一、单项选择题

1. 下列关于托盘的使用操作表述正确的是（　　）。

A. 高物放在托盘外面   B. 重物放在托盘里面

C. 左手五指并拢托起托盘   D. 起盘后托盘略高于胸前

2. 下列轻托的操作符合规范的做法是（　　）。

A. 将高物放在托盘的外档，低物放在里档

B. 先上桌的物品在下、在后，后上桌的物品在上、在前

C. 托盘内的物品分布均衡，重心靠近身体

D. 右手五指分开，掌心向上托起托盘

3. 下列关于重托操作表述正确的是（　　）。

A. 用右手托起托盘   B. 托起托盘时右手向右后方旋转180°

C. 将托盘托于胸前   D. 托起后，重心靠近身体

 ### 二、简答题

1. 按材质、大小及形状划分，托盘可分为哪几类？各自用途是什么？

2. 端托方法按承载物重量可分为哪两种？

3. 轻托可分为哪几个步骤？每个步骤的操作要点是什么？

 ### 三、案例分析

小赵是高星级酒店运营与管理专业刚毕业的一名学生，应聘到当地一家五星级酒店当餐厅服务员。刚上班的第二天，因接待宴会临时缺人手，小赵便被派去做值台服务。从来没有独立工作过的小赵手忙脚乱，把客人需要的酒水、饮料一股脑儿地全放在托盘里。结

果，在给客人斟倒饮料时，他不小心将放在外侧的酒瓶碰倒，致使整个托盘翻盘了，将酒水洒了一地。

1. 请分析案例中小赵产生过失的原因是什么？

2. 提供托盘服务时如何才能做到又快又稳？

 四、论述题

托盘是酒店餐厅服务人员在餐前摆台准备、餐间提供菜点酒水、餐后收台整理时运送各种物品的一种基本服务工具，而正确、有效地使用托盘是每名餐饮服务人员在工作中必须掌握的基本操作技能。请论述正确使用托盘的方法。

学习任务3　餐巾折花技能

情境导入

李明邀请他的朋友杰克参加自己18岁的生日宴会，包房里已经摆好各种餐具，杰克好奇地说："杯子里的用布折的各种造型，有鸟、有花，好特别啊！"李明回答："这是餐巾折花，不仅是一种卫生用品，更是中餐特有的一种餐台装饰品。服务人员通过一双巧手折出适合宴会主题的花，不仅可以为参加宴会的人们渲染气氛，还传达了美好的祝愿。"

分析：灵活运用餐巾折花的八种技法，折叠盘花、杯花，做到一次成型，减少折痕，快速熟练。

 一、餐巾折花的基本技法

餐巾是美化餐台的艺术品，它与中国烹饪艺术交相辉映，给就餐者带来视觉上美的享受。根据宴会主题和客人的差异，餐饮服务人员应灵活选择，提供个性化服务。

（一）餐巾折花的作用与种类

1. 餐巾折花的作用

（1）餐巾折花能起到美化席面的作用。服务员用一张小小的餐巾便可创造出栩栩如生的花、鸟、鱼等，摆在餐桌上既可起到美化餐台的作用，又能给宴会增添气氛。

（2）餐巾折花还是一种无声的形象语言。可以起到表达宴会主题，沟通宾主之间感情的作用。

（3）餐巾折花可以表明宾主的座次，展现宴会的规格和档次。

2. 餐巾折花的种类

1）按摆放位置分类

（1）杯花。杯花需插入杯子中才能完成造型，杯花造型丰富，折叠手法较盘花复杂。

（2）盘花。盘花放于盘中或其他盛器上，盘花造型简洁大方，美观实用。

2）按造型分类

（1）植物类。如双荷花、绣球花、四叶草等。

（2）动物类。如鸟、鱼、兽等，做到形象逼真、生动活泼。

（3）实物类。实物类是模仿日常生活中实物形态折叠而成，如扇面送爽、皇冠生辉等。

（二）餐巾折花的摆放要求

1. 餐巾折花摆放的基本要求

餐巾是餐桌上的普通用品，餐巾折花则是一项艺术创作，它可以烘托宴会的气氛，增添宴会艺术效果，因此，餐厅服务员要掌握餐巾折花摆放的基本要求。

（1）突出主位，根据主宾席位选择花型。在宴会上，主宾席位上的餐巾折花被称为主花，主花一般要选择品种名贵、折叠精细、美观醒目的花型，以达到突出主位、尊敬主宾的目的。

（2）注意协调性。餐巾折花的协调性是指无论是大型还是小型宴会，除主位外的餐巾折花要高矮一致、大小一致，要把一个台面或一组台面当作一个整体来布置。一般主位的餐巾折花与其余位置的不同。

当一个台面选用各不相同的花型时，主花要明显。如果选择的花型都是比较矮的，与主花的高低相差不能太多。除了主花以外，如果还有高低差别较大的花型，则要以主花为主，其余花型高度不能超过主花；同时，还要高矮相间地布置，要使整个台面整体协调一致。

2. 餐巾折花摆放的艺术性

餐巾折花在台面上具有抽象性和形象性，若要将每种花型都发挥其作用，餐饮服务人员就要了解每个花型的最佳观赏位置，在摆放时应注意以下几点：

（1）主花要摆插在主位。将主花摆插在主位，将一般的餐巾花摆在其他客人席位上，但要高低均匀，错落有致，达到一种视觉艺术的美。

（2）餐巾折花将观赏面朝向客人。摆放餐巾折花，要使客人正面观赏，如马蹄莲、鸡冠花等花型，要将正面朝向客人。适合侧面观赏的，要将最佳观赏面朝向客人。

（3）相似花型错开摆放。在一个台面上摆放不同品种花型时，形状相似的花形要错开，并对称摆放。

（4）恰当掌握杯内餐巾花的深度。餐巾折成花型后，放入杯内的深度要适中。杯内的部分要折叠得整齐、规范。

（5）摆放距离均匀。各种餐巾折花的间距要均匀，做到花不遮餐具，不妨碍服务操作。

餐巾花既是用餐的一种卫生用品，又是台面上的一种艺术品，具有实用和观赏两种属性，因此，餐饮服务人员要认真掌握餐巾折花的折叠方法，做到技术性和艺术性相结合，达到台面的完整和谐。

（三）餐巾折花发展新趋势

（1）线条简洁明快挺括。这类花型折叠所需要的时间短、速度快，散开后餐巾褶皱少，实用方便。

（2）趋向盘花。因为杯花是用手将花插入杯中的，所以折花之前手要严格消毒。用盘花可减少手握杯的环节，满足客人清洁卫生的心理。因此，逐渐向盘花方向发展。

（四）餐巾折花的注意事项

（1）操作前，要洗手消毒，且要在干净的托盘或餐盘中操作；操作时，不允许用嘴咬；放花入杯时，手不可接触杯口，且不可在杯身上留下指纹。

（2）一次成型，减少折痕，快速熟练。

（3）造型简单，美观大方，使用方便。

（4）注意整理与放置，保持花型；餐巾折花应放置在杯子高度的2/3处为宜。

（5）折花时要分清餐巾的正反面，姿势自然，手法轻巧、灵活。

（6）用心观察，全心投入，精心折叠，耐心整理。

（7）注意同一餐台的餐巾花的高低协调一致，动植物和实物类餐巾花合理搭配。

（8）餐巾花的折叠要符合宴会的主题与性质、用餐目的和餐厅的用餐要求等。

（五）餐巾折花的基本技法

餐巾折花的基本技法有叠、推、卷、穿、翻、拉、捏、掰8种，详解如下：

1.叠

叠是餐巾折花最基本的一种手法。叠是指将餐巾一折为二、二折为四或者折成三角形、长方形等几何图形。叠的要领是：一次叠成、避免反复，否则便会在餐巾上留下折痕，影响造型的挺括，使其不够美观，如图1-3-1和图1-3-2所示。

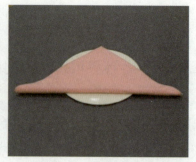

图 1-3-1 一折为二   图 1-3-2 对折成三角形

2. 推

推是给餐巾折花打折时运用的一种手法。将餐巾折成褶裥的形状，使花型层次丰富、紧凑、美观。推折的动作要领：用双手的拇指、食指分别捏住餐巾两头的第一个折裥，两手大拇指相对成一线，指面向外；两手中指按住餐巾，并控制好下一个折裥的距离；两手大拇指、食指的指面握紧餐巾向前推折至中指外，用食指将推折的折裥挡住，中指腾出来，控制下一个折裥的距离；三个手指相互配合，使折裥均匀、整齐，如图 1-3-3 和图 1-3-4 所示。

图 1-3-3 平推   图 1-3-4 均匀推折

3. 卷

卷是将餐巾卷成圆筒形并制出各种花型的一种手法，可以分为平行卷和斜角卷两种。平行卷时，一定要将餐巾两头卷平；斜角卷就是将餐巾一头固定，只卷另一头，或是一头多卷另一头少卷，使形成的卷筒一头大一头小，如图 1-3-5 和图 1-3-6 所示。

图 1-3-5 平行卷   图 1-3-6 斜角卷

4. 穿

穿是用工具从餐巾的夹层折缝中间，边穿边收，形成皱褶，使折花造型更加逼真美观的一种手法。通常选择筷子作为工具，穿好后将餐巾插入杯内，然后再将筷子抽掉，以防松散，如图 1-3-7 所示。穿的要领是穿好的褶裥要平、直、细小、均匀。但由于用筷子穿会影响操作卫生，目前在餐厅中并没有被广泛使用。

5. 翻

翻是在折叠过程中，将餐巾折、卷后的部位翻成所需花样，以组成花、叶、鸟翅、动物头等形状。翻的要领是大小适宜，自然美观，如图 1-3-8 所示。

图 1-3-7　穿的技法　　　　　　　图 1-3-8　翻的技法

6. 拉

拉是在翻的基础上，为使餐巾造型挺直而使用的一种手法，如鸟的翅膀、尾巴、头颈、花的茎叶等。通过拉的手法，餐巾的线条曲直明显、花型挺括而有生机。拉的要领是大小比例适当，造型挺括，如图 1-3-9 所示。

7. 捏

捏是用作鸟的头部折叠。操作方法是先将餐巾的一角拉挺直做颈部，然后用一只手的大拇指、食指、中指捏住颈部顶端，用食指在上将巾角尖端向下压，用中指与大拇指在下，将压下的巾角捏紧，并捏出尖嘴状。捏的要领是棱角分明，头顶角、嘴尖角到位，如图 1-3-10 所示。

8. 掰

掰是用手将餐巾的褶一层一层地掰出层次，使其呈花蕾状。需要注意的是，掰时，双手不要用力过大，以免松散。掰的要领是层次分明，间距均匀，如图 1-3-11 所示。

图 1-3-9　将叶子拉出　　　图 1-3-10　捏出鸟的头部　　　图 1-3-11　掰出的花蕊

二、盘花训练

1. 三角蓬

三角莲的折花步骤如图 1-3-12 ~ 图 1-3-17 所示。

三角蓬

图 1-3-12　将餐巾对折成三角形　　图 1-3-13　将一巾角折向顶角　　图 1-3-14　将另一巾角折向顶角

图 1-3-15　将餐巾翻面，对折成三　　图 1-3-16　将三角形对折　　图 1-3-17　放入盘中，整理成型
　　　　　　角形

2. 皇冠生辉

皇冠生辉的折花步骤如图 1-3-18 ~ 图 1-3-23 所示。

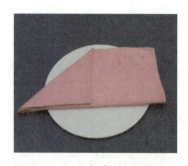

皇冠生辉

图 1-3-18　将餐巾对折，将双边　　图 1-3-19　将另一个巾角折起　　图 1-3-20　翻面，沿中线对折，
　　　　　　一侧巾角折起　　　　　　　　　　　　　　　　　　　　　　　　　将巾角拉出

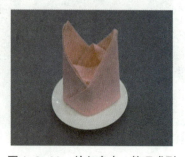

图 1-3-21　将底边折起插入夹层　　图 1-3-22　将另一底边插入夹层　　图 1-3-23　放入盘中，整理成型

3. 满天繁星

满天繁星的折花步骤如图 1-3-24 ～图 1-3-29 所示。

图 1-3-24　对折成长方形

图 1-3-25　将正反面底边分别向上对折

图 1-3-26　沿中线对折

满天繁星

图 1-3-27　将正反面分别折出四或五褶

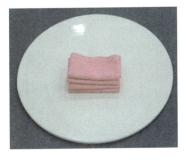
图 1-3-28　对折后的样子

图 1-3-29　将夹缝中的巾角分别折下，整理成型

4. 乘风破浪

乘风破浪的折花步骤如图 1-3-30 ～图 1-3-35 所示。

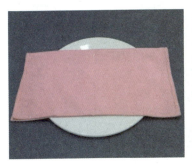
图 1-3-30　对折成长方形

图 1-3-31　再对折成正方形

图 1-3-32　将四巾角向顶角对折

乘风破浪

图 1-3-33　将两底角折叠

图 1-3-34　握住底部

图 1-3-35　将夹缝中的巾角拉出，整理成型

5.四季平安

四季平安的折花步骤如图 1-3-36 ~ 图 1-3-40 所示。

图 1-3-36　将四个巾角向中间对折，使其成正方形

图 1-3-37　两边分别向中间对折

图 1-3-38　再将两边向中间对折

图 1-3-39　拉出内层的夹角

图 1-3-40　将风车的翅拉出，整理成型

四季平安

6.鸿雁飞书

鸿雁飞书的折花步骤如图 1-3-41 ~ 图 1-3-45 所示。

图 1-3-41　对折两次成正方形

图 1-3-42　将一层折向顶角，巾角向里折进 1/2

图 1-3-43　将第二层巾角折进第一层里

图 1-3-44　将两边折向背面

图 1-3-45　放入盘中，整理成型

鸿雁飞书

7. 扬帆起航

扬帆起航的折花步骤如图 1-3-46 ~ 图 1-3-51 所示。

图 1-3-46 折成三角形

图 1-3-47 再次折成三角形

图 1-3-48 将一边底角折向顶角

扬帆起航

图 1-3-49 将另一边底角向上折

图 1-3-50 将底角折起

图 1-3-51 将夹层向外翻，整理
成型

8. 出水芙蓉

出水芙蓉的折花步骤如图 1-3-52 ~ 图 1-3-56 所示。

图 1-3-52 将四个巾角向中间对折
成正方形

图 1-3-53 将四个角向中间对折成正方形

图 1-3-54 将四个角向反面对折
成正方形

图 1-3-55 将背面折角向外
翻出

图 1-3-56 放入盘中，整理成型

出水芙蓉

9.祝寿蜡烛

祝寿蜡烛的折花如图 1-3-57 ~ 图 1-3-61 所示。

图 1-3-57　对折成三角形

图 1-3-58　斜边向上折起

图 1-3-59　从一角开始卷起

图 1-3-60　卷起后将一角插入夹层

图 1-3-61　放入盘中整理成型

祝寿蜡烛

10.彬彬有礼

彬彬有礼的折花步骤如图 1-3-62 ~ 图 1-3-67 所示。

图 1-3-62　对折成三角形

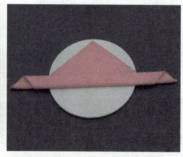

图 1-3-63　将底边 1/3 向上折起

图 1-3-64　两巾角反向折向顶角

彬彬有礼

图 1-3-65　反面朝上

图 1-3-66　将巾角向里折

图 1-3-67　放入盘中,整理成型

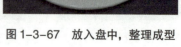

三、杯花训练

1. 烈火枫叶

烈火枫叶的折花步骤如图 1-3-68 ~ 图 1-3-73 所示。

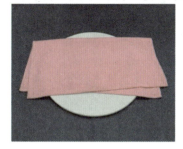

图 1-3-68　斜折

图 1-3-69　再斜折，注意四个巾角的位置

图 1-3-70　从多层角处开始推折

烈火枫叶

图 1-3-71　继续推折

图 1-3-72　捏住约 1/2 处

图 1-3-73　放入杯中，整理成型

2. 绣球

绣球的折花步骤如图 1-3-74 ~ 图 1-3-79 所示。

图 1-3-74　对折成三角形

图 1-3-75　再对折成三角形，并将一巾角反折

图 1-3-76　从三层巾角处开始推折

绣球

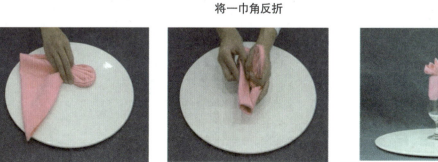

图 1-3-77　推折成圆形

图 1-3-78　整理底部，放入杯中

图 1-3-79　掰出巾角，整理成型

3. 四叶草

四叶草的折花步骤如图 1-3-80 ~ 图 1-3-85 所示。

四叶草

图 1-3-80 对折两次成正方形　　图 1-3-81 从四层角一侧开始推折　　图 1-3-82 捏住约 1/2 处

图 1-3-83 整理底部　　　　　　图 1-3-84 继续整理　　　　　　图 1-3-85 拉出巾角，放入杯
　　　　　　　　　　　　　　　　　　　　　　　　　　　　　　　　　　中整理成型

4. 鸡冠花

鸡冠花的折花步骤如图 1-3-86 ~ 图 1-3-91 所示。

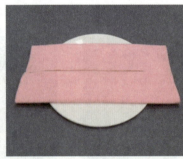

鸡冠花

图 1-3-86 将一边折向中线　　　图 1-3-87 将另一边折向中线　　　图 1-3-88 沿中线向反面对折

图 1-3-89 从一边开始推折　　　图 1-3-90 将筷子从中间夹层插入　　图 1-3-91 放入杯中，抽出
　　　　　　　　　　　　　　　　　　　　　　　　　　　　　　　　　　筷子，整理成型

5. 马蹄莲

马蹄莲的折花步骤如图 1-3-92 ~ 图 1-3-96 所示。

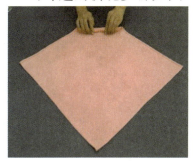

图 1-3-92　从一角开始卷

图 1-3-93　继续卷

图 1-3-94　卷成一长条，捏住中间

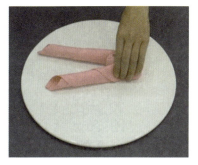

图 1-3-95　沿中间对折

图 1-3-96　放入杯中，整理成型

马蹄莲

6. 长尾鸟

长尾鸟的折花步骤如图 1-3-97 ~ 图 1-3-101 所示。

图 1-3-97　对折两次成正方形

图 1-3-98　从双层角一侧开始推折

图 1-3-99　捏住约 1/2 处

图 1-3-100　从底部拉出一巾角做鸟头

图 1-3-101　放入杯中整理成型

长尾鸟

7. 驼背鸟

驼背鸟的折花步骤如图 1-3-102 ～图 1-3-106 所示。

图 1-3-102　对折两次成正方形

图 1-3-103　从单层角一侧开始推折

图 1-3-104　捏住约 1/3 处

图 1-3-105　从底部拉出一巾角，做鸟头

图 1-3-106　放入杯中，整理成型

驼背鸟

8. 雀梅

雀梅的折花步骤如图 1-3-107 ～图 1-3-111 所示。

图 1-3-107　对折成三角形

图 1-3-108　从斜边的一角开始卷

图 1-3-109　继续卷

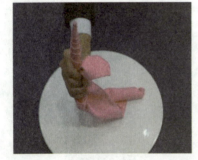

图 1-3-110　卷至 2/3 处，拉起余下的巾
　　　　　　角做叶子

图 1-3-111　放入杯中，整理成型

雀梅

9. 三尾鸟

三尾鸟的折花步骤如图 1-3-112 ~ 图 1-3-117 所示。

三尾鸟

图 1-3-112　对折两次成正方形　　　图 1-3-113　将第一层巾角折向顶角　　　图 1-3-114　从一巾角处开始推折

图 1-3-115　捏住约 1/2 处　　　图 1-3-116　整理底部　　　图 1-3-117　放入杯中，整理成型

10. 大鹏展翅

大鹏展翅的折花步骤如图 1-3-118 ~ 图 1-3-122 所示。

图 1-3-118　对折成三角形　　　图 1-3-119　将两角向内侧顶角折起　　　图 1-3-120　将一单层边再折向顶角

大鹏展翅

图 1-3-121　从中间向两边均匀推折　　　图 1-3-122　拉出夹缝中的巾角做翅，

放入杯中，整理成型

测试题

餐巾花的由来

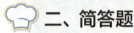 **一、单项选择题**

1.餐巾折花基本技法"捏"主要用于折叠（　　）。

A.花瓣　　　　　B.鸟头　　　　　　　C.鸟的翅膀　　　　D.花蕊

2.摆放餐巾折花时，要将其观赏面朝向（　　）。

A.主人　　　　　B.副主人　　　　　　C.客人　　　　　　D.工作台

3.餐巾折花放置在杯中高度的（　　）处为宜。

A.3/4　　　　　B.1/2　　　　　　　C.4/5　　　　　　D.2/3

 二、简答题

1.餐巾折花有哪些类型？

2.给餐巾折花时有什么注意事项？

3.餐巾折花有哪几种技法？

 三、实践操作题

1.练习并掌握10种盘花和10种杯花的折叠方法。

2.在3分钟内折出6种花型。

3.根据所学餐巾折花的手法和花型，创新折出2～3种花型。

4.根据不同的宴会主题确定餐巾折花的花型。

学习任务4　摆台技能

情境导入

　　××酒店的餐饮部来了一批新员工。在员工培训时，餐饮部经理告诉他们要成为合格的餐饮服务人员，需要具备端托、餐巾折花、摆台、斟倒酒水、上菜、分菜等基本技能。经过前期的培训，新员工已经掌握了餐饮服务技能中的端托和折花的技能，接下来要进行的就是摆台技能的练习了。

　　分析：你能帮助这些新员工快速掌握摆台技巧吗？

一、餐台布置基础知识

（一）餐台

1. 圆台

中国传统饮食文化比较讲究和谐、圆融，故中国人聚餐时大多使用圆桌，有团圆、圆满之意。同时，圆桌的设计也更加符合中国人共餐的就餐方式，既节约了空间，又缩短了人们与菜品的距离。中餐圆台有不同的规格，其直径有150 cm（适合4～5人）、160 cm（适合6～7人）、170 cm（适合8～9人）、180 cm（适合10人）、200 cm（适合12人）、220 cm（适合14人）、240 cm（适合16人）、260 cm（适合18人）等。餐厅应根据具体人数选择规格适宜的餐台。

2. 方台

中餐方台一般在快餐、自助餐、风味小吃、火锅及零点餐厅使用。中餐方台规格有90 cm×90 cm、100 cm×100 cm、110 cm×110 cm、80 cm×120 cm等正方形和长方形餐台。

西餐常用正方形或长方形餐台，因为西方的就餐方式和中餐不同，是典型的分餐制，而且需要使用的餐具较多，摆放餐具时需要比较大的空间，所以西餐厅则更多使用方形餐桌。

（二）台布的种类与规格

台布是餐厅摆台必备的物品之一。台布的规格及色泽的选择应与餐台的大小、餐厅的风格协调一致。

1. 台布的种类

（1）按质地分，台布可分为纯棉台布、化纤台布、塑料台布和绒质台布，由于纯棉台布的吸湿性能好，目前被大多数餐厅所使用。

（2）按图案分，台布的图案有团花、散花、工艺绣花等。

（3）按颜色分，台布的颜色有白色、黄色、粉色、红色、绿色等，但多数选用白色。选择台布的颜色要与餐厅的风格、装饰、环境相协调。

（4）按形状分，台布可分为正方形、长方形和圆形和异形。正方形台布常用于方台或圆台，长方形台布则多用于西餐的各种不同餐台，而圆形台布主要用于中餐的圆台。

2. 台布的规格

台布的规格有很多种，经常使用的有140 cm×140 cm、160 cm×160 cm、180 cm×180 cm，200 cm×200 cm，220 cm×220 cm，240 cm×240 cm，260 cm×260 cm等，使用时，应根据餐桌的大小选择适当规格的台布。

140 cm×140 cm的方形台布适用于90 cm×90 cm的方台，160 cm×200 cm、180 cm×300 cm等不同规格的长方形台布常用于长方台及西餐各种餐台，可根据餐台的大小形状选用不同数量的台布，当一块不够用时可拼接起来使用，在拼接时，应注意将接口处接压整齐。

（三）台布的铺设方法

在铺设台布（图1-4-1～图1-4-3）之前，要认真细致地对每块台布进行检查，如发现台布有破损、过旧和污迹等问题，要及时更换。

待检查无误后，拉开主人位餐椅，在主人位铺台布，可采用推拉式、抖铺式、撒网式铺设，要求一次完成。台布正面朝上，定位准确，中心线凸缝向上，且对准正副主人位，台面平整，四周下垂均等。

1. 推拉式

双手将台布打开后放至餐台上，正面向上，左右两手捏住台布的一边，至距边缘40～50 cm处，两手离台布中缝线距离各约50 cm，将其他的台布分别夹在其余四指内，先将台布贴着餐台平行推出去，再拉回来。

推拉式

2. 抖铺式

双手将台布打开，平行打折后将台布提拿在双手中，身体呈正位站立式，利用双腕的力量，将台布向前一次性抖开，在台布落桌和向回拉动的过程中。以中线为参照物，调整台布的位置，进行准确的定位，并平铺于餐台上。

抖铺式

3. 撒网式

双手将台布打开，使其正面向上，用大拇指和食指抓住台布靠近身体的一边，用其余三指快速抓住台布其余部分，平行打折；呈右脚在前、左脚在后的站立姿势，双手将打开的台布提拿起来至胸前，双臂与肩平行，上身向左转体，下肢不动，并在右臂与身体回转时，台布斜着向前撒出去。

撒网式

图1-4-1　推拉式

图1-4-2　抖铺式

图1-4-3　撒网式

 ## 二、中餐摆台流程与标准

（一）中餐零点餐台摆台流程

中餐摆台一般分为零点用餐和宴会两种类型，零点服务是餐饮服务中最普遍、最常见的一种服务，它在整个餐厅服务工作中占很大比例，主要任务是接待散客。散客的特点是到达餐厅时间不一、人数不定，所以要准备不同人数的餐台，以满足具体需求。

进行中餐零点摆台可根据餐厅布局，摆放2人位、4人位、6人位、8人位等桌椅。

1. 服务准备（图1-4-4）

图1-4-4 服务准备

（1）洗净双手并检查个人仪表。

（2）各类餐具、玻璃器皿、台布、口布等，需保证足够的周转量。

（3）各类餐具、玻璃器具应洁净光亮，不得有污渍和破损。

（4）台布、餐巾需干净整洁，不能有损坏、毛边和起皱现象。

（5）清点调味品，盛放调味品的瓶或壶的表面要清洁。

（6）摆放餐椅。

4人桌，正、副主位方向各摆2位；6人桌，正、副主位方向各摆1位，两边各摆2位；8人桌，正、副主位方向各摆2位，两边各摆2位；10人桌，正、副主位方向各摆3位，两边各摆2位；12人桌，正、副主位方向各摆3位，两边各摆3位。

2. 铺台布

站在餐桌一侧，打开台布，凸线朝上，抛出台布，台布铺完平整无皱褶。如果面对的是圆台，应将凸缝方向面对主位，十字居中，使四周下垂部分相对称并盖住大部分台脚。如果面对的是方形台，凸缝应居中，两头和左右下垂的部分对边要相等。

3. 摆放餐具

（1）餐碟定位。

将餐碟放在托盘中，左手托起托盘，右手拿餐碟边缘，从主人位开始按顺时针方向依次摆放在桌面上，餐碟边沿距桌边1.5 cm处，餐碟之间的间距要相等。

（2）摆放汤碗、汤勺。

将汤碗摆放在餐碟左上方1 cm处，将汤勺放置于汤碗中，使勺把朝左，与餐碟平行。

（3）摆放筷架、筷子。

将筷架摆放在餐碟右前侧，使其横中线与汤碗横中线在同一条直线上。筷架左侧纵向延长线与餐碟右侧相切。将筷子摆在筷架上，使图案和文字正面朝上，并让筷尾的右下角距桌沿1.5 cm。

4. 餐巾折花

在折花盘上折叠盘花或杯花，摆放时应注意将观赏面朝向客人。

5. 摆放杯具

中餐零点餐厅一般只摆放软饮料杯，饮料杯放在餐碟的正上方3cm处。如果客人需要饮用葡萄酒或烈性酒，则需要另外提供相应酒杯。

6. 摆放公共用具

中餐零点餐厅的公共用具主要有花瓶、打火机、调味壶、菜单、桌号牌等，摆放时要求以方便客人取用为宜。

7. 检查台面

待完成摆台后，应仔细检查一遍看台面物品是否有遗漏。

（二）中餐宴会摆台流程

中餐宴会摆台需根据宴会的性质、形式、主办单位的具体要求、参加宴会的人数、面积等来制订方案。宴会餐台餐具摆放正确，距离均匀、整齐、美观、清洁，为客人提供一个舒适的就餐位置、一套必备的就餐餐具，还有恰到好处的服务体验。中餐宴会餐台（图1-4-5）通常按以下流程布置。

图1-4-5　中餐宴会餐台

1. 准备工作（图1-4-6）

（1）检查仪容仪表。按规定着装，戴正工号牌。面容整洁，女服务员淡妆上岗，男服务员不留胡须及长鬓角。头发梳理整洁，发型符合酒店要求。指甲干净，并做好手部消毒。精神饱满，面带微笑，站姿规范。

图1-4-6　准备工作

（2）摆放餐椅。中餐圆桌摆放餐椅按"三三两两"式进行，即在正副主人侧各放三张椅子，另两侧各放两张椅子，并使椅背在一直线上。

（3）根据宴会人数确定所需物品的种类和数量，从仓库中自取物品、运送物品并布置工作台。操作过程要求规范、安全、卫生，物品的摆放要便于操作、科学合理。

2. 铺装饰布、台布（图1-4-7~图1-4-9）

拉开主人位餐椅，在主人位上铺装饰布、台布（有些餐厅只铺台布，不铺装饰布）。装饰布平铺在餐桌上，正面朝上，台面平整，下垂均等。将台布铺在装饰布上，正面朝上，定位准确，中心线凸缝向上，且对准正副主人位。要做到台面平整，台布四周下垂均等。

图1-4-7　从主人位上拉开餐椅　　　图1-4-8　铺装饰布　　　图1-4-9　铺台布

3. 摆转台

为方便客人取菜，一般需要在中餐宴会中配置转台，方便客人取菜。服务人员用手臂力量竖起转台，轻放至餐台中心，转台落稳后，再转动转台检查是否能够灵活旋转。

4. 餐碟定位

从主人位开始一次性定位摆放餐碟，餐碟边沿距桌边1.5 cm。每个餐碟之间的间隔要相等。相对的餐碟与餐桌中心点三点成一条直线。操作要规范、轻松，手法要卫生，如图 1-4-10 ~ 图 1-4-12 所示。

图 1-4-10   手拿餐碟边缘

图 1-4-11   从主人位开始摆放

图 1-4-12   餐碟间距均等

5. 摆放汤碗、汤勺、味碟

将汤碗摆放在餐碟左上方 1 cm 处，将汤勺放置于汤碗中，勺把朝左，与餐碟平行，味碟摆放在餐碟的右上方，如图 1-4-13 所示。

将汤碗与味碟之间距离的中点对准餐碟的中点，汤碗分别与味碟、餐碟间相距 1 cm。

6. 摆放筷架、席面更、牙签、筷子（图 1-4-14）

将筷架摆在餐碟右上方，其横中线与汤碗、味碟横中线在同一条直线上。筷架左侧纵向延长线与餐碟右侧相切。

将席面更、筷子搁摆在筷架上，筷子与对座餐碟中心线平行，筷尾的右下角距桌沿 1.5 cm，筷套正面朝上。

将牙签搁摆席面更和筷子之间，牙签套正面朝上，底部与席面更齐平。

图 1-4-13   摆放汤碗、汤勺、味碟

图 1-4-14   摆放筷架、席面更、牙签、筷子

7. 摆放葡萄酒杯、白酒杯（图1-4-15和图1-4-16）

将葡萄酒杯摆放在餐碟正上方，即汤碗与味碟之间距离的中点线上。

将白酒杯摆在葡萄酒杯的右侧，葡萄酒杯与白酒杯的杯肚相距1 cm。

使葡萄酒杯杯底中心点与白酒杯杯底中心点在一条直线上。

图1-4-15　摆放葡萄酒杯　　　　　图1-4-16　摆放白酒杯

8. 折餐巾花

折十种不同造型杯花，要求每种餐巾花使用三种以上技法；花型突出正、副主人位。有头尾的动物造型应头朝右，主人位除外。餐巾花的观赏面向客人，主人位除外。巾花挺拔、造型美观、款式新颖。操作手法卫生，不用口咬、下巴按、筷子穿；手不触及杯口及杯的上部。杯花底部应整齐、美观，落杯不超过2/3处，如图1-4-17所示。

图1-4-17　折餐巾花

9. 摆放水杯

把放有餐巾花的水杯摆放在葡萄酒杯左侧，水杯肚与葡萄酒杯相距1 cm；同时，使水杯肚距离汤碗边1 cm；摆杯手法要正确（手拿杯柄或中下部）、卫生。

10. 摆放公用餐具

将公用筷架摆放在主人和副主人餐位水杯正上方，距水杯肚下沿切点 3 cm，将公勺、公筷置于公用筷架之上，使勺柄、筷子尾端朝右。

11. 摆放花盆、菜单、桌号牌

将花盆摆在台面正中。桌号牌摆放在花盆正前方、面对副主人位。将菜单摆放在正副主人的筷子架右侧，位置一致，菜单右尾端距离桌边 1.5 cm 处。

12. 检查台面

完成摆台后，应仔细检查一遍台面物品是否存在遗漏。

中餐十人宴会摆台平面图和示意图如图 1-4-18 和图 1-4-19 所示。

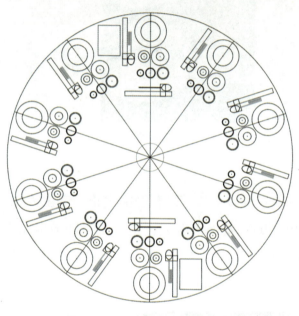

图 1-4-18　中餐十人宴会摆台平面图

图 1-4-19　中餐十人宴会摆台示意图

三、西餐摆台流程与标准

（一）西餐常用餐具

西餐常用餐具包括不锈钢餐具、玻璃餐具和陶瓷类餐具等，如图 1-4-20 ~ 图 1-4-22 所示。另外，一些西餐厅还会摆上烛台，以提升氛围感，如图 1-4-23 所示。

图1-4-20　西餐不锈钢餐具示例

图1-4-21　玻璃餐具示例

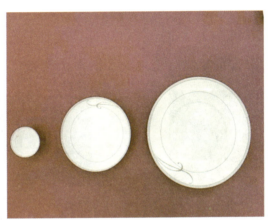

图1-4-22　西餐陶瓷餐具示例

图1-4-23　烛台

（二）西餐零点餐台摆台流程

西餐厅一般使用正方形或长方形餐台，还要根据餐厅的规模摆放不同餐位数的餐桌，以满足不同人数客人的就餐需要。在西餐厅中，要求餐台摆放合理、摆设配套齐全、规格整齐一致，既方便用餐，又利于席间服务，还要具有美感。

（三）西餐零点餐台布置

1. 西餐早餐摆台

（1）铺台布：先铺设台布，台布中凸线向上落于餐桌的竖中线上，四周下垂均等。

（2）摆放装饰盘：用托盘托起装饰盘，手持盘沿右侧操作，从主人位开始在餐椅正对处摆设，装饰盘离桌沿1 cm。

（3）摆放餐刀、餐叉（图1-4-24和图1-4-25）：先在装饰盘右侧1 cm处放餐刀，使刀口朝向餐盘方向；再在装饰盘的左侧1 cm处放一把餐叉，叉面朝上，刀、叉下端应在一条直线上。拿刀叉时，应用右手大拇指与食指捏住餐具两侧。

图 1-4-24　摆放餐刀

图 1-4-25　摆放餐叉

（4）摆放面包盘、黄油刀、黄油碟（图 1-4-26）：将面包盘摆在餐叉左侧 1 cm 处，与装饰盘中心的连线在一条直线上。将黄油刀摆放在面包盘右侧 1/3 处。在黄油刀上方 3 cm 处摆放黄油碟，黄油碟左侧边沿与面包盘中心线相切。

（5）摆放咖啡杯具、水杯（图 1-4-27）：咖啡杯具摆放于餐刀右侧，杯柄朝右。咖啡匙放在咖啡碟右侧，奶盅、糖缸摆在咖啡杯上方。在餐刀正上方 2 cm 处摆放水杯。

图 1-4-26　摆放面包盘、黄油刀、黄油碟

图 1-4-27　摆放咖啡杯、水杯

（6）摆放餐巾花（图 1-4-28）：根据餐位数折出盘花，将餐巾花放于装饰盘中。

（7）摆放花瓶、牙签盅、椒盐瓶（图 1-4-29）：将花瓶放置于桌子的正中央，将牙签盅、椒盐瓶和烟灰缸摆于花瓶左右两侧。将牙签盅底部压在台布中凸线上，使椒盐瓶对准中心对准台面中凸线，保持两瓶相距 1 cm。

图 1-4-28　摆放餐巾花

图 1-4-29　摆放花瓶、牙签盅、椒盐瓶

2. 西餐午、晚餐摆台

西餐午、晚餐摆台的操作步骤与早餐基本一致。不同之处是在早餐摆台的基础上，撤去咖啡杯具而增加汤勺、甜品叉、甜品勺、水杯和红酒杯。

将汤勺放于餐刀右侧，距桌边1cm，与餐刀最窄处距离0.5cm。甜品叉横放于装饰盘正上方，叉柄朝左，距装饰盘1cm。接下来在甜品叉的正上方与甜品叉平行的位置摆放汤勺，匙柄朝右，距甜品叉0.5cm。将水杯摆在主餐刀正上方2cm处，将红酒杯放于水杯右下方，两杯成一斜线，向右与水平线呈45°角。

（四）西餐宴会摆台流程

西餐宴会餐台如图1-4-30所示。

图1-4-30　西餐宴会餐台

1. 准备工作

将摆台所需物品摆放在工作台上，清点并确认用具、器具数量；同时，检查物品的清洁程度，确保所使用物品的数量准确、无污渍。

2. 铺台布

西餐主题宴会一般使用由数张方桌拼接而成的长方台，服务员将两块台布分别放在餐台短边右侧，在副主人位将餐椅向左侧转90°，将折叠好的第一块台布横向打开，将垂直的中缝对准桌子的纵轴，用双手大拇指和食指均匀抓住台布的左右两侧，左右手臂张开，身体前倾，将拎起的台布推向餐桌中央；同时，放开下层台布边。第一块铺好后，服务员沿顺时针方向走到主人位，铺好第二块台布。两块台布的中心线呈一条直线，将第二块台布压在第一块台布上，使两块台布重叠5cm，凸缝朝上，台布两侧两头下垂部分美观、整齐、均匀等。

3. 餐椅定位

服务人员从主人位开始沿顺时针方向摆放，相对椅背中心对准，进行定位。椅面边缘与台布下垂部分相距1cm，使椅子之间的距离均等。

4. 摆装饰盘

服务人员将装饰盘用托盘托起，从主人位开始沿顺时针方向手持盘沿右侧摆放在每个席次正中央。将装饰盘中心与餐椅中心对准，使盘边距离桌边1cm，且保持装饰盘之间的距离相等。

5. 摆放餐刀、餐勺、餐叉

（1）服务员将开胃品刀、汤勺、鱼刀叉、主餐刀叉、甜品勺和甜品叉按顺序放在托盘上，左手托盘，站在主人位右侧，用右手捏住餐具颈部的两侧进行摆放。

（2）在装饰盘右侧1cm处从左往右依次摆放主餐刀、鱼刀、汤勺、开胃品刀。使主餐刀刀柄与餐台边垂直，刀柄末端与餐台边相距1cm，刀刃向左，与装饰盘相距1cm；将鱼刀放于主餐刀右侧，使刀柄底部距餐台边 5 cm；将汤匙放于鱼刀右侧，使底部距餐台边 1 cm；汤匙右侧放开胃品刀，使底部距餐台边 1 cm。各餐刀、勺间距为 0.5 cm。

（3）在装饰盘左侧 1 cm 处从右往左依次摆放主餐叉、鱼叉、开胃品叉。除鱼叉底部距餐台边 5 cm 外，主餐叉和开胃品叉都距餐台边 1 cm，叉与叉的间距为 0.5 cm。

（4）在装饰盘上方 1 cm 处从下往上，平行于桌边依次摆放甜品叉（叉头朝右）、甜品勺（勺头朝左），叉与勺间距为 0.5 cm。

（5）将主人位餐具摆好后，再按顺时针方向依次摆放其他餐位的餐具。

6. 摆面包盘、黄油刀、黄油碟

（1）将面包盘摆放在开胃品叉左侧，与开味品叉相距 1 cm，面包盘的中心与装饰盘的中心在同一水平线上。

（2）将黄油刀摆放在面包盘内右边 1/3 处，刀刃向左并与其他刀叉平行。

（3）将黄油碟摆放在黄油刀尖上方 3 cm 处，左侧边沿与面包盘中心线相切。

（4）按顺时针方向依次摆放其他 5 个餐位的餐具。

7. 摆白葡萄酒杯、红葡萄酒杯、水杯

西餐宴会餐位餐具摆放如图 1-4-31 所示。

（1）手持杯柄，按餐台顺时针方向依次摆放白葡萄酒杯、红葡萄酒杯、水杯。

（2）将白葡萄酒杯摆放在主餐刀正上方 2 cm 处，杯底中心在主餐刀中心线上。

（3）将红葡萄酒杯和水杯摆放在白葡萄酒杯的左上方，三杯成斜直线，向右与水平线呈 45° 角，使三杯的杯身各相距 1 cm。

图 1-4-31 西餐宴会餐位餐具摆放

8. 摆放台面中心装饰物

从工作台取装饰物，按顺时针方向，站在餐桌长边中点位置，一次性将中心装饰物摆放在餐桌中央和台布中线上。注意，装饰物主体高度不能超过 30 cm，以客人落座后不遮挡视线为标准。若台面较长，则应摆放两个中心装饰物，分别放置在餐台两个半区的中心处。

9. 摆放烛台

服务人员徒手将两个插上蜡烛的烛台分别摆放在中心装饰物的两侧，使烛台底座中心压台布中凸线，距中心装饰物 10 cm，或使烛台与中心装饰物之间的间距均等，两个烛台方向一致。

10. 摆放牙签盅、椒盐瓶

服务人员将两套椒盐瓶、牙签盅放在托盘里，站在主人位，按顺时针方向摆放牙签盅、椒盐瓶。牙签盅摆放在距烛台 10 cm 处，牙签盅底座中心压在台布中凸线上。将椒盐瓶摆放

在距牙签盅 2 cm 处，使椒盐瓶这两瓶的间距为 1 cm，左椒右盐，使椒盐瓶间距的中心对准台布中凸线，分别位于中凸线两侧，使两瓶连线与中凸线垂直。

西餐厅宴会餐台整体餐具布置如图 1-4-32 所示。

图 1-4-32　西餐宴会餐台整体餐具布置

11. 摆放餐巾花

服务人员在折花盘中用口布折好三种盘花，放在托盘里。折餐巾花时，要求正、副主人位的盘花要高于其他餐位，至于其他餐位，可以折同一种花型，并使餐巾花造型美观，保持同一种花型的大小一致。从主人位开始依次将盘花摆放在餐盘正中，摆放方向一致，使餐巾花正面朝向客人，左右呈一条直线。

12. 摆放宴会菜单、席次卡

服务员将菜单摆放在主人位、副主人位各一份，可以立式摆放，也可以平放在开胃品刀右侧，菜单底边距桌边 1 cm。将席次卡摆放在距甜品勺正前方 1 cm 处。

13. 检查台面

摆台完毕后，服务人员应对台面进行全面检查，主要检查台布、餐椅、餐具和其他用具的摆放是否符合标准。

测试题

大赛点亮人生　技能
改变命运

一、单项选择题

1. 中餐零点摆台时，骨碟正前方应摆放的杯具是（　　）。

A. 白酒杯　　　　　　B. 白葡萄酒杯　　　　　C. 红葡萄酒杯　　　　D. 软饮料杯

2. 进行中餐宴会摆台时，水杯、葡萄酒杯、白酒杯的杯肚之间的距离是（　　）。

A. 1 cm　　　　　　　B. 1.5 cm　　　　　　　C. 2 cm　　　　　　　D. 3 cm

3. 以下对于服务人员进行中餐宴会摆台的说法中符合操作规范的是（　　）。

A. 将餐碟从主宾位置开始摆放　　　　　　B. 将汤碗摆放在餐碟右上方

C. 将公用筷架摆放在主宾餐位正上方　　　D. 将汤勺勺把向左置于汤碗中

4.给西餐宴会摆台时，摆放在面包盘上的餐具是（　　）。

A.开胃品刀　　　　　B.开胃品叉　　　　　C.鱼叉　　　　　D.黄油刀

5.给西餐宴会摆台时，摆放在汤匙右侧的餐具是（　　）。

A.开胃品刀　　　　　B.鱼刀　　　　　C.鱼叉　　　　　D.甜品叉

 二、简答题

1.请列举给中餐宴会十人台摆台前需要准备的物品种类及数量。

2.请列举中餐宴会服务中给餐巾折花的注意事项。

3.请简述西餐宴会摆台流程。

学习任务5　斟酒技能

情境导入

某年七夕节，从下午五点开始，一对对情侣便纷纷来到餐厅就餐，餐厅里满满的都是浪漫气息。李文作为餐厅服务人员，正在为一对情侣服务，李文在为他们斟倒红酒时因操作不当不小心将红酒滴洒在张女士白色的连衣裙上。张女士被这突发的意外吓得发出了一声尖叫："啊呀！"张女士的男友也立即起身维护女友："我女朋友的衣服被弄成这样，吃完饭我们一会儿还要去逛街，她还怎么出去啊？"李文被客人的责问吓得手足无措，不停地给两位客人道歉。明明是很开心的日子，客人却因为李文在服务上的失误而导致约会心情大受影响。

分析：酒水服务是餐饮服务中的重要一环，而斟酒是服务人员在酒水服务中必须掌握的一项技能。你能帮助李文找到合适的方法提高斟酒技能吗？

 一、斟酒基础知识

1. 准备服务用品

斟酒服务需根据酒水提前准备好服务用品，如服务巾、红酒篮、醒酒器、酒刀、开瓶器、温酒壶、冰桶、冰桶架、小碟子、餐巾纸等。

2. 准备酒水

根据客人所点酒水从酒吧取出酒水，将瓶身擦拭干净并检查酒水质量，若发现酒瓶有破损或酒水中有悬浮物、沉淀物，应及时更换。同时，还要检查是否需要对酒水温度进行处理（冰镇或温烫），保证酒水温度符合饮用要求。

3. 准备杯具

根据不同酒水准备适宜的酒杯，并检查相关杯具是否符合卫生要求。

4. 展示酒水

展示酒水时，服务人员站在客人右后侧，左手托住瓶底（若是冰镇的酒水可用左手使用折叠好的服务巾托住），右手持酒瓶，将商标朝向客人，倾斜45°。接下来，确认酒水品牌，核对包装是否完好，并征求客人意见，询问是否可以开酒。

5. 酒水开瓶

常见的酒瓶封口有瓶盖、易拉环、软木制成的瓶塞等，开酒时要使用正确的开瓶器，开瓶后嗅辨是否有酸败霉变的味道。下面以葡萄酒为例介绍开启方法：给葡萄酒开瓶（图1-5-1）时动作要轻，应尽量减少瓶体的晃动。将瓶放在桌上，左手握住酒瓶，右手用酒刀割开铅封，用服务巾擦拭瓶口，用开瓶器垂直钻入木塞，待开瓶器完全钻入木塞后，轻轻取出木塞。将木塞放在垫了餐巾纸的小碟子里，将小碟子放在主人红酒杯右侧，以供主人鉴别。

红酒开瓶

图1-5-1 给葡萄酒开瓶

二、斟酒方式

1. 徒手斟酒（图1-5-2～图1-5-4）

（1）服务人员先将服务巾折叠成条状包裹在瓶颈位置，但不能遮挡酒的商标。

（2）左手持一块整洁的服务巾背于身后，右手握酒瓶下半部，站立在客人右后侧，右腿在前，左腿在后稍稍踮起，身体略微前倾侧向客人。

（3）斟倒时，将商标朝向客人，左手小臂呈45°。

（4）斟完酒后用左手的服务巾擦拭瓶口，保持洁净，左脚掌落地，右脚收回与左脚并齐；同时，身体恢复原状，再进行换位斟酒。

图1-5-2 从主宾位开始斟倒

图1-5-3 商标朝向客人

图1-5-4 斟倒完毕擦拭瓶口

2. 托盘斟酒（图1-5-5～图1-5-10）

（1）服务员先将酒瓶摆放于托盘内，如有两瓶酒时，高的酒瓶要放在托盘内侧靠近服务员身体的位置。

（2）再将服务巾折叠成长条状后搭在左手小臂后侧，左手托盘，右手握瓶下半部，商标朝向客人；同时，保持托盘平稳。

（3）斟酒时服务员站立在客人右后侧，右腿在前，左腿在后，稍稍踮起，身体略微前倾侧向客人。

（4）斟倒时，将商标朝向客人，左手小臂呈45°。

（5）斟完酒后左脚掌落地，右脚收回与左脚并齐；同时，右手将酒瓶口在左手的服务巾上进行擦拭。

（6）再将酒瓶放回托盘，如有两瓶酒，进行换瓶斟酒。注意，在斟酒时，托盘不可从客人头顶越过。

图1-5-5　将酒瓶摆放于托盘内并将服务巾搭于小臂

图1-5-6　起托并保持托盘平稳

图1-5-7　在客人右后侧斟倒

图1-5-8　斟倒完毕擦拭瓶口

图1-5-9　换瓶斟酒

图1-5-10　检查斟倒酒量

 三、斟酒顺序及标准

1.斟酒顺序

（1）中餐宴会斟酒时，从第一主宾开始，按顺时针方向依次斟倒；同时需要斟红酒与白酒时，应先斟红酒，后斟白酒。

（2）西餐宴会斟酒时，应先斟酒后上菜，斟酒的顺序是先宾后主和女士优先，按"女主宾→女主人→男主宾→男主人"的顺序沿顺时针方向提供斟酒服务。

2. 斟酒量

斟酒量标准：红葡萄酒斟至 1/2 杯；白葡萄酒和中餐白酒斟至 2/3 杯；香槟要分两次斟倒，先斟至 1/3 杯，待泡沫平息后，再斟至 2/3 杯。要使每杯的酒量一致。

3. 斟酒动作

（1）斟酒时，服务员侧身站在客人右侧，上身微向前倾，重心放在右脚上，左脚跟稍微抬起，右手五指张开，握住酒瓶下部，食指伸直按住瓶壁，指尖指向瓶口，将右臂伸出，手臂伸直，右手腕下压，在瓶口距杯口 2 ~ 3 cm 处斟倒，身体不要贴靠客人。

（2）斟至适量时稍作停顿，轻抬手腕，将瓶口稍前倾并稍稍抬高，在向内做旋口动作的同时，收回酒瓶，使最后一滴酒留在瓶口上，不落于桌上、餐具或客人身上。将酒瓶以弧线路径避开客人收回酒瓶，再给下一位客人斟酒。

4. 注意事项

（1）斟酒时，应留意瓶内酒量的变化，酒量越少，斟倒流速越快，通过腕力训练控制流速。

（2）不可站在同一位置为左右两位客人斟酒，也不能隔位斟、反手斟。

（3）斟倒啤酒时，为防止泡沫溢出，可沿杯壁缓慢斟入杯中。

测试题

 一、单项选择题

1.服务员为客人斟酒时，以下操作正确的是（　　）。

A.持酒瓶的上半部　　　　　　　　B.按逆时针顺序斟倒

C.在客人右手侧斟倒　　　　　　　D.白酒斟至五成满

2.服务员在西餐宴会上斟酒时，应先斟酒，后上菜。斟酒的顺序是（　　）。

A.女主宾、男主宾、女主人、男主人　　　　B.女主人、男主人、女主宾、男主宾

C.女主人、女主宾、男主人、男主宾　　　　D.女主宾、女主人、男主宾、男主人

3.服务员在斟倒白葡萄酒和中餐白酒时，应斟至酒杯的（　　）。

A.1/3　　　　　　　B.1/2　　　　　　C.2/3　　　　　　D.3/4

 二、简答题

某客人在西餐厅用餐时，点了一瓶红葡萄酒。请写出为客人斟倒红葡萄酒的正确操作方法。

学习任务6 分菜技能

情境导入

服务员小陈正在服务的是一桌商务宴。半小时后，桌上菜品都已上齐，扒鸡、糖醋鱼、海鲜疙瘩汤……一大桌子菜丰盛至极。这时，主人提出把糖醋鱼分一下，小陈一下子有点懵，应该怎么分鱼？这时领班过来帮他解了围，熟练地剔除鱼骨后，将鱼肉整理成形并恢复原样，再浇上原汁，重新上桌。小陈露出了佩服的眼神并暗暗下了决心……

分析：服务员要能够熟练运用分菜工具分菜，尤其是要能掌握服务叉、勺的正确手法。

一、分菜的基本方法

（一）分菜工具及使用方法

1. 服务叉、服务勺

方法：服务员用右手握住叉和勺把的后部，勺心向上，叉的底部向勺心。在夹菜肴和点心时，主要依靠手指来控制。将右手食指插在叉把和勺把之间，与拇指配合捏住叉把；其余三指控制勺把，无名指和小指起稳定作用，中指支撑勺把中部，如图1-6-1所示。

2. 服务公用勺、公用筷

方法：服务员站在离主人位置90°角的位置上，右手握公筷，左手持公勺，相互配合，将菜肴分到客人餐碟之中，如图1-6-2所示。

3. 服务长柄汤勺

方法：右手持长柄汤勺，如图1-6-3所示。

图1-6-1 服务叉、勺

图1-6-2 服务公用筷、勺

图1-6-3 服务长柄汤勺

（二）常用的分菜方法

1. 转盘式分菜服务

（1）提前将与客人人数相等的餐碟有秩序地摆放在转台上，并将分菜用具放在相应位置；核对菜名，双手将菜奉上，为客人示菜并报菜名。

（2）用长柄勺、筷子或服务叉、勺分派；全部分完后，将分菜用具放在空菜盘里。

（3）迅速撤身，取托盘，从主宾右侧开始，按顺时针方向绕台进行，在撤下前一道菜的餐碟后，再从转盘上取菜端给客人。

（4）待分派完成后，将空盘和分菜用具一同撤下。

2.旁桌式分菜服务

（1）在客人餐桌旁放一辆服务车或服务桌，准备好干净的餐盘和分菜用具。

（2）核对菜名，双手将菜端到餐桌，示菜、报菜名并做菜品介绍；将菜取下放在服务车或服务桌上分菜。

（3）分好菜后，从主宾右侧开始，用托盘按顺时针方向将餐盘送上。

（4）在旁桌上分菜时，应面对客人，以便于客人欣赏。

3.服务叉、勺派菜法

（1）核对菜品，双手将菜肴端至转盘上，示菜并报菜名；然后将菜取下，左手用餐巾托垫菜盘，右手拿服务叉、勺。

（2）从主宾右侧开始，按顺时针方向绕台进行，动作姿态为右腿在前，上身微前倾，呼吸均匀。

（3）分菜时做到一勺准、数量均匀，可以一次性将菜肴全部分完，但有些地区的餐厅要求服务员在分完后盘子略有剩余，并放置在转盘上。

4.各客式分菜服务

（1）适合在汤类、羹类、炖品、高档宴会分菜。

（2）厨房工作人员根据客人人数，在厨房里将汤、羹等分成每人一份。

（3）服务员从主宾开始，按顺时针方向从客人的右侧将菜送上。

中餐上菜的具
体要求

（三）分菜注意事项

（1）分菜顺序：先给主宾分让，然后按顺时针方向作业。

（2）分菜服务时，餐厅服务员站在客人右侧，站立要稳，身体不可斜靠于客人身上，腰部稍向前弯。

（3）分菜服务时，呼吸要均匀，可以边分边向客人介绍菜点的名称、特色、风味、营养、典故等方面的内容，但要注意：讲话时，头部不要距离客人太近，鼻口部位要避开菜点。

（4）分菜服务时，要掌握好数量，做到分让均等，特别是主菜，相邻客人必须分得基本一样，最先分得的和最后分得的基本一样。并注意，菜肴的优质部位应分配给主宾和主人，但不要有太大的明显差异。

（5）分菜服务时要做到一勺准或一叉准，不可将一勺（叉）菜同时分给两位客人，更不可当着客人的面从分得多的盘碗中匀出菜来给分得少的，这样是很不礼貌的。同时，还要注意菜的色彩要搭配均匀。

（6）分每道菜时，第一次分完后，盘中宜余下 1/10 ~ 1/5 的菜肴（可换放一小盘中），以示菜肴的宽裕及方便想再添用的客人，并为第二次分让做好准备。

二、特殊菜品的分菜方法

（一）分鱼服务

分鱼服务是餐厅服务员应掌握的服务技巧之一。要想做好分鱼服务，首先应掌握所分鱼的品种及烹调方法，然后还要根据其不同的食用方法进行分割装碟。

1.分鱼用具

常用的分鱼用具有鱼刀、鱼叉、鱼勺，如图 1-6-4 所示。分鱼配用的餐具应根据鱼的烹调方法而定，如分糖醋整鱼时，因其焦酥，可带鱼骨分用，故而应配用餐叉、餐勺；分干烧整鱼、红烧整鱼、清蒸整鱼时，要将鱼骨、鱼肉分离，故而应配用餐刀剔出鱼骨刺及切割鱼肉，再配以餐叉、餐勺，用于分鱼装碟。

图 1-6-4   分鱼用具

2.分鱼要求

在分鱼操作前，应先备好餐碟、刀、叉、勺，并将要拆分的整形鱼向客人进行展示。展示的方法有两种，一种为端托式展示，即餐厅服务员用托盘将盛鱼的盘子托至客人面前，向客人介绍菜肴，在介绍的过程中向客人进行菜肴的展示。另一种为桌展，即将烹制好的鱼放在餐台上，餐厅服务员向客人介绍菜肴，这样，在介绍的过程中，客人也观察到了鱼的形状。餐厅服务员将鱼向客人展示完毕，方可进行分鱼服务。

3.分鱼的方法

分整形鱼大体有两种方法，一种是在餐台上分，即餐厅服务员向客人展示完后，将鱼转至餐厅服务员处，使鱼头朝右、鱼尾朝左、鱼腹朝向桌边，当着客人的面将鱼拆分。另一种方法是餐厅服务员向客人展示完鱼后，将鱼拿到服务桌或接餐室进行分鱼服务。

4.分鱼注意事项

进行分鱼服务时，要求餐刀、叉、勺使用手法得当，不得在操作中发出声响；使汤汁不滴、不洒，保持盛器四周清洁卫生；操作时，动作要干净利落；鱼骨剔出后，鱼的头尾相连、完整不断，鱼肉去骨后，完整美观；分鱼装碟时要均匀、准确。

5. 分鱼步骤

由于鱼的品种和烹调方法不同,分鱼(图1-6-5和图1-6-6)的具体步骤也各不相同。

(1)糖醋整鱼的分鱼步骤

分糖醋整鱼时,左手握餐勺压在鱼头处,右手拿餐叉从鱼腹两侧将鱼肉切离鱼骨。由于糖醋鱼较焦脆,因此,在操作时要用力得当,待将鱼肉切开后,将鱼块分装餐碟中,并用餐勺盛糖醋汁浇于鱼块上,便可分送给客人食用。分糖醋鱼时速度要快,因为它属于火候菜,如时间间隔过长,会直接影响菜肴的质量。

(2)清蒸整鱼的分鱼步骤

分清蒸整鱼时,左手握餐叉将鱼头固定,右手用餐刀从鱼中骨由头顺切至鱼尾,然后将切开的鱼肉分向两侧脱离鱼骨,待鱼骨露出后,将餐刀横于鱼骨与鱼肉之间,刀刃向鱼头,由鱼尾向鱼头处将鱼骨与鱼肉切开,当骨、肉分离后,用刀、叉轻轻将鱼骨托起放于鱼盘靠桌心一侧的盘边处,再将上片鱼肉与下片鱼肉吻合,使之仍呈一整鱼状(无头尾);同时,餐叉与餐刀配合,将鱼肉切成10等份(按10人用餐算),并用餐叉、餐勺将鱼肉分别盛于餐碟中送与客人。

分鱼

图1-6-5　剔鱼骨

图1-6-6　整理成鱼形

(二)分汤服务

1. 分汤的工具

分汤的工具包括大汤勺、筷子、餐刀、餐叉等,如图1-6-7所示。

2. 分汤的方法

(1)当汤与原料有明显区分时,一种操作是先将盛器内的汤分进客人的碗内,然后再将汤中的原料均匀地分入客人的汤碗中;另一种操作是先将盛器里的原料均匀地分到汤碗中,再将汤分到汤碗中。以上两种方法各有所长,视不同的汤类而定。

图1-6-7　分汤的工具

(2)当汤与原料没有明显区分时,一次性将汤分到汤碗即可。

3.分汤注意事项

（1）从主宾位开始分汤，站在客人的左侧，再按顺时针方向依次为客人分让。

（2）如果原料为整体的，如整鸡、整鸭等，可以先在餐桌或者服务台先将其分割好，再进行分汤。

（3）一般分盛至汤碗的8分满处。

测试题

 一、单项选择题

1.餐厅服务员在分汤时，应使用（　　）配合操作。

A.餐勺　　　　　　　　B.餐叉　　　　　　　　C.筷子　　　　　　　　D.长柄汤勺

2.分菜时，一旦将菜掉落在餐桌上，服务员可（　　），并清理干净桌面。

A.用手直接抓、拿　　　　　　　　B.将其放回原菜盘内

C.用口布加以包裹后拿走　　　　　　D.用客人的筷子夹起

3分菜时，要按（　　）的顺序分菜。

A.先女后男

B.先男后女

C.先主宾后主人

D.先主宾、女宾、再主人

4.提前将与客人人数相等的餐碟有秩序地摆放在转台上，并将分菜用具放在相应位置的分菜方式是（　　）。

A.转盘式分菜　　　　B.旁桌式分菜　　　　C.分叉分勺式分菜　　　　D.各客式分菜

 二、简答题

1.常见的分菜方法有哪三种？

2.请简述分鱼的方法。

3.分菜时的注意事项有哪些？

 三、实践操作

小组成员轮流担任服务员，进行10人位分菜（凉拌双椒土豆丝）、分汤（银耳汤）服务，要求掌握好分派的数量，能够均匀地分给每位客人，并巩固分菜的方法和姿态。

主题2　中餐服务

主题概览

本主题包括认识中国菜、中餐服务、团队用餐服务三部分。学生通过完成中式菜肴的构成和特点、八大菜系和经典名菜、中餐服务流程、团队用餐服务流程等任务，可以系统掌握中餐服务的职业要求。

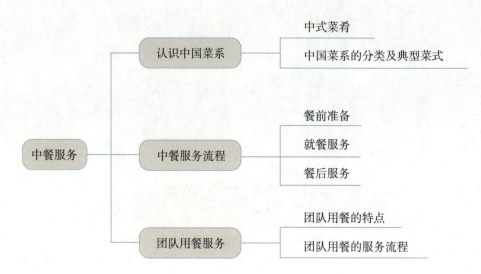

知识目标

1. 掌握八大菜系的口味特点、经典菜品及典故；

2. 掌握中餐服务操作流程及标准；

3. 掌握团队用餐服务流程及要点。

能力目标

1. 能根据客人需求熟练推荐相关菜系的经典菜品；

2. 能熟练进行中餐服务；

3. 能熟练提供团队用餐服务。

素质目标

1. 感受中华饮食文化的魅力；

2. 培养热爱家乡的情感；

3. 具备职业素养，热爱餐饮服务行业。

学习任务1　认识中国菜系

情境导入

夸一夸家乡菜。有一种情感叫乡愁，远离家乡的游子总会怀念家乡的味道。你的家乡菜隶属于哪个菜系的哪个流派？有哪些经典名菜和典故？如何将家乡菜传承和发扬？

分析：从小吃到大的美味，刻在血脉里的乡愁，每种家乡美食都包含了深厚的情感，无论身在何处，纵使相隔千里，家乡的味道总会给予你最舒心的安慰，家乡菜总能勾起游子对家的思念。不妨回味一下，哪种味道或菜品是你印象最深刻的。

认真学习本任务中式菜肴、中国菜系的分类及经典菜式，从地域范围和家常菜品两方面分析家乡菜隶属的菜系和流派，分小组分享经典名菜和典故。

关于传承和发扬菜系，各地都有自己的策略。有的关注现代饮食理念，注重营养搭配，扩大营销人群范围；有的创新烹饪方法，进行标准化改进，推广连锁经营；有的采用平台宣传，注重传统食材、烹饪工艺和地域文化、地理特征的结合，以增强对客人的吸引力等。对于传承和发扬家乡菜，还有什么好办法？请大家集思广益。

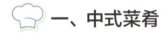 一、中式菜肴

（一）菜肴构成

我国历史悠久，地域辽阔，人口众多，而不同的民族、不同的地理环境、不同的生活习惯和不同的文化形成了不同类型的菜肴体系。中国菜主要由地方菜、宫廷菜、官府菜、素菜和少数民族菜构成。

1. 地方菜

地方菜是中国菜的主要组成部分。它选用当地的优质原料，采用当地独特的烹饪方法，制做出的具有浓厚地方特色的菜肴。经过几千年的发展变化，各地逐渐形成了独特风格的地方菜，主要有川菜、粤菜、鲁菜、苏菜、浙菜、闽菜、湘菜、徽菜等。

2. 宫廷菜

从广义上讲，宫廷菜是指我国历代封建帝王家族享用的菜肴，传承至今已有近三千多年的历史，主要以几大古都为代表，有南味、北味之分。南味以南京、成都、杭州为代表，北味以西安、洛阳、开封、北京、沈阳为代表。自元明以来，宫廷菜主要是指北京宫廷菜，而现在人们品尝的宫廷菜主要是清代御膳房里传下来的一些菜肴。

3. 官府菜

官府菜又称官僚士大夫菜，它是历代封建王朝的高官为在自己府中宴请宾朋而广络名厨，进行菜肴的研究与制作，并形成的具有一定影响力的菜肴。其中，具有代表性的是孔府菜、随园菜、云林菜、谭家菜等。

4. 素菜

素菜是指以植物类和食用菌类为原料烹制而成的菜肴。素菜因其用料独特、技艺精湛、菜肴口味清鲜、营养丰富而独树一帜。素菜主要由寺院素菜、市肆素菜及民间素菜组成，其中以寺院素菜的用料最为严格。北京的素真馆、上海的功德林、广州的菜根香都是驰名全国的素菜馆，其中菜根香的特色菜式有鼎湖上素、杏元炖雪耳等。

5. 少数民族菜

少数民族菜又称民族风味菜，主要有回族菜（又称清真菜）、朝鲜族菜、维吾尔族菜、满族菜和藏族菜等。

（二）菜肴特点

1. 历史悠久，文化丰厚

《易·鼎》中记载："以木巽火，亨（同烹）饪也"，即人类对火的使用标志着烹饪活动的开始。历代厨师在长期实践中积累了丰富的烹调经验，并善于总结，留下了宝贵的财富。早在 3 500 多年前，商汤宰相、烹调圣手伊尹就总结了烹饪调味经验（《吕氏春秋·本味篇》）。公元 6 世纪，北魏贾思勰的《齐民要术》，系统讲述烹饪及食品加工的就有 4 卷。元代太医忽思慧的《饮膳正要》，从营养学的角度集食疗理论之大成，为我国第一部营养学专著。清代袁枚的《随园食单》，从正反两方面列举了许多实例，全面、系统、深刻地阐述了烹饪规则原理，自成一家之说。据史料记载，汉代张骞、唐代鉴真和尚、公元 13 世纪的马可·波罗都参与了中国与亚欧诸国的餐饮文化交流活动。可见，我国烹饪艺术历史悠久，且烹调圣手们技艺高超，还影响着周边国家。

2. 原料丰富，菜品繁多

我国地域辽阔，地形多样，气候复杂，又有漫长的跨越寒、温、热三带的海岸线，物产资源丰富，为烹饪提供了坚实的物质基础。我国的常用原材料丰富多样，时令原材料层出不穷，稀有原材料奇异珍贵。

由于各地气候、物产、风俗习惯存在差异，自古以来，中国饮食就形成了许多各不相同的菜系、流派、风味等，菜肴风格迥异，各种档次俱全，既有经济、方便的大众便餐菜式，也有供应高端宴会的珍馐美味菜式。

3. 选料讲究，配料巧妙

选料，是中国厨师的首要技艺。要做好一道中国菜肴美食，必须具备丰富的知识和熟练运用的技巧。每种菜肴美食所取的原料，包括主料、配料、辅料、调料等，都有很多讲究和一定之规。概而言之，则是"精""细"二字，即《论语》所言，"食不厌精，脍不厌细也"。

"春耕、夏耘、秋收、冬藏"，天人合一的东方哲学让中国饮食依时而变。自古以来，中国人一直按季节变化来调味、配菜，冬天味醇浓厚，夏天清淡凉爽；冬天多炖焖煨，夏天多凉拌冷冻。对菜品原料在产地、季节、部位、营养、卫生方面的选择十分讲究，并针对原料各自的特点，采用不同的烹饪技法，如北京烤鸭需以北京填鸭为原料；吃河蟹讲究"九月团脐十月尖"；制汤用的老母鸡，用其味足等。

中国菜在配料上讲究色的和谐悦目，一般用强烈的对比色或同色调；讲究在味的配合中突出主味，辅以他味；讲究质的软配软、酥配酥、脆配脆；形状及大小讲究丝配丝、丁配丁、条配条、块配块，符合菜肴整体造型的需要。

4.刀工精湛，五味调和

中国菜的原料大多加工成小块宜食的尺寸，对刀工非常讲究，处理的工具主要是菜刀和砧板。早在我国古代，人们就重视刀法的运用，经过历代厨师的反复实践，创造了丰富的刀法，如直刀法、片刀法、斜刀法、剞刀法和雕刻刀法等。菜肴的原料复杂多样，每款菜肴使用一定的烹调方法，对原料的形状和规格都有严格的要求，因此，需经过刀工处理。各种原料在经过各种刀法加工后，可形成块、片、丝、条、丁、段、球、泥、粒、末以及麦穗形、菊花形、梳子形、蓑衣形、荔枝形等多种形状。

调味也是烹调中的一种重要技艺，所谓"五味调和百味香"。调味的作用主要有去除原料异味，无味者赋味，确定肴馔口味，增加食品香味，赋予菜肴色泽。调味的方法也变化多样，主要有基本调味、定型调味和辅助调味三种，以定型调味方法运用最多。调味恰到好处与否，除了与调料品种是否齐全、质地是否优良等物质条件有关外，对调料的使用比例、下料次序、调料时间都有严格的要求，而厨师的技艺也很关键。

精湛刀工

5.技法各异，火候独到

烹调技法，是我国厨师的一门绝技，常用的技法有炒、爆、炸、烹、溜、煎、贴、烩、扒、烧、炖、焖、氽、煮、酱、卤、蒸、烤、拌、炝、熏，以及甜菜中的拔丝、蜜汁、挂霜等。不同技法具有不同的风味特色。每种技法都对应几种乃至几十种名菜。

火候，是形成菜肴美食风味特色的关键之一。但火候瞬息万变，没有多年操作实践经验很难做到恰到好处。因此，掌握适当的火候是中国厨师的又一门绝技。中国厨师不仅能精确鉴别旺火、中火、微火等不同火力，了解各种原料的耐热程度，熟练控制用火时间，善于掌握传热物体（油、水、气）的性能，还能根据原料的老嫩程度、水分多少、形态大小、整碎厚薄等，确定下锅的次序，加以灵活运用，使烹制出来的菜肴，要嫩就嫩，要酥就酥，要烂就烂。

6.盛器考究，情调优雅

中国饮食情调优雅，氛围艺术化，主要表现在美器、夸名、佳境三方面。袁枚在《随园食单》中引用过一句古语："美食不如美器"，如荣簋（西周时期盛食器，现藏于北京故宫博物院，图 2-1-1 所示）。

中国菜不仅注重菜肴本身，还讲究盛器与美食的完美结合。不同菜肴使用不同形状、大小、姿态、色泽、图案的盛器，与菜肴交相辉映，展现出强烈的民族风格。

在中国人的餐桌上，没有无名的菜肴。一个美妙的菜肴命名，既是菜品生动的广告词，也是菜肴自身的有机组成部分。菜名也给人以美的享受，它通过听觉或视觉的感知传达给大脑，会产生一连串的心理效应，发挥出菜肴的色、形、味所发挥不出的作用。

食器

图 2-1-1　荣簋 – 西周 – 故宫博物院院藏

二、中国菜系的分类及经典菜式

中国菜系是指在一定区域内，由于气候、地理、历史、物产及饮食风俗的不同，经过漫长历史演变而形成的一整套自成体系的烹饪技艺和风味，并被全国各地承认的地方菜肴。川、粤、鲁、苏"四大菜系"形成历史较早，后来又分化出浙、闽、湘、徽地方菜，由此形成了"八大菜系"，再后来，又加上沪菜、京菜，形成了"十大菜系"。但其中最有影响和代表性的就是"八大菜系"。

1.百菜百味——川菜

川菜即四川风味菜，中华料理集大成者，取巴蜀丰富物产，烹巴蜀之美味。川菜取材广泛，调味多变，菜式多样，口味清鲜醇浓并重，善用"三椒"（花椒、胡椒、辣椒）、"三香"（葱、姜、蒜），以麻辣著称。川菜有着"七滋"（甜、酸、麻、辣、苦、香、咸），"八味"（酸辣、椒麻、麻辣、鱼香、怪味、红油、姜汁、家常），由此演变出 24 种口味，这些复合味型，形成了川菜的特殊风味。川菜烹饪方法复杂多样，讲究"一菜一格，百菜百味"。川菜由筵席菜、大众便餐菜、家常菜、三蒸九扣菜、风味小吃五大类组成一个风味体系，有"食在中国，味在四川"的美誉。

川菜分为三派：蓉派（上河帮）、渝派（下河帮）、盐帮派（小河帮）。上河帮川菜即以川西成都、乐山为中心地区的川菜，菜肴亲民平和，用料精细准确，调味丰富，多传统名菜；下河帮川菜即以老川东地区达州菜、重庆菜、万州菜为代表的江湖菜，菜肴以大方粗犷，花样翻新迅速，用料大胆，不拘泥于材料著称，来源于民间的麻辣火锅，在吃法上独树一帜，是重庆饮食一大特色；小河帮川菜即以川南自贡为中心的盐帮菜，同时包括宜宾菜、泸州菜和内江菜，菜肴有"味厚香浓、辣鲜刺激"的特点，是中国饮食文化中的一朵奇葩。三者共同组成了川菜三大主流地方风味流派分支菜系，代表川菜发展的最高艺术水平。

川菜经典菜式有麻婆豆腐（图2-1-2）、太白鸭子、夫妻肺片、软烧仔鲶、鱼香肉丝、宫保鸡丁、水煮肉片、回锅肉、泡椒凤爪、灯影牛肉、口水鸡等。

图2-1-2　麻婆豆腐

食在广州的由来

2. 食在广州——粤菜

粤菜即广东菜，博采众家，影响深远。粤菜注重质和味，口味比较清淡，清中求鲜、淡中求美，而且随季节时令的变化而变化，夏秋偏重清淡，冬春偏重浓郁，追求色、香、味、型。烹调技艺多样善变，用料奇异广博。在烹调上以炒、爆为主，兼有烩、煎、烤，讲究清而不淡，鲜而不俗，嫩而不生，油而不腻，有"五滋"（香、松、软、肥、浓）和"六味"（酸、甜、苦、辣、咸、鲜）之说。

狭义上的粤菜指广府菜（即广州府菜），广义上又包含潮州菜（潮汕菜）、东江菜（客家菜）。潮州菜以昂贵著称，其选料考究、刀工精细，且烹调方式多样，着意追求色香味俱全，有"中国最高端菜系"之称。东江菜以惠州菜为代表，属于客家菜的水系流派。东江菜用料以家畜、家禽的肉类为主，极少水产。菜肴风格讲求主料突出、造型古朴，以盐定味，以汤提鲜，力求酥烂香浓，以砂锅见长。烹调方法多样，尤以北方常见的煮、炖、熬、酿、焖等技法见长，颇有中原遗风。

粤菜的经典菜式有烤乳猪（图2-1-3）、蚝油牛肉、豉汁蒸排骨、蚝皇凤爪、盐焗鸡、五蛇羹、八宝冬瓜盅、娥姐粉果、雁南飞茶田鸭、文昌鸡等。

图2-1-3　烤乳猪

3."北食"代表——鲁菜

鲁菜即山东菜，八大菜系之首，文化底蕴浓厚。鲁菜是自发型菜系，是历史最悠久、技法最丰富、最见功力的菜系，是黄河流域烹饪文化的代表。鲁菜讲究原料质地优良，以盐提鲜，以汤壮鲜，调味讲求咸鲜纯正，突出本味。主要烹调方法为爆、扒、炒、烧、炸、氽、拔丝、蜜汁、挂霜等，尤其是爆、拔丝为世人所称道。以汤为百鲜之源，讲究对于"清汤""奶汤"的调制，清浊分明，取其清鲜。对海珍品和小海味的烹制堪称一绝。山东民风朴实，待客豪爽，在饮食上大盘大碗丰盛实惠，注重菜品质量，受孔子礼食思想的影响，讲究排场和饮食礼仪。

经过长期的发展和演变，鲁菜系逐渐形成包括青岛在内，以福山帮为代表的胶东菜，以及包括淄博、德州、泰安在内的济南菜两个流派，既有堪称"阳春白雪"的典雅华贵的孔府菜，也有星罗棋布的各种地方菜和风味小吃。济南风味是鲁菜的主体，在山东境内影响极大。济南菜以汤菜最为著名，一向有"唱戏的腔，厨师的汤"的说法。胶东菜讲究用料，刀工精细，口味清爽脆嫩，保持菜肴的原汁原味，长于海鲜制作，尤以烹制小海鲜见长。孔府膳食用料广泛，上至山珍海味，下至瓜果豆菜等，皆可入馔，日常饮食多是就地取材，而以乡土原料为主。

鲁菜的经典菜式有糖醋鲤鱼、葱烧海参、九转大肠（图2-1-4）、汤爆双脆、芙蓉鸡片、德州扒鸡、诗礼银杏、干蒸加吉鱼、四喜丸子、一品豆腐等。

图2-1-4　九转大肠

4.天下至美——苏菜

苏菜即江苏菜，宫廷第二大菜系，历史悠久，起始于南北朝时期，今天的国宴仍以苏菜为主。"金齑玉脍"，技法精妙，清淡为主，文化内涵见长。金陵六朝古都，姑苏吴地文化，造就了苏菜的人文历史文化，以及多姿多彩的韵味，每道菜都有一个故事。

苏菜选料严谨，有"醉蟹不看灯、风鸡不过灯、刀鱼不过清明、鲟鱼不过端午"之说。其制作精细，因材施艺，风格雅丽，菜品追求本味，清鲜平和。十分讲究刀工，形态精致，滋味醇和。善用火候，擅长炖、焖、蒸、炒、烧、煨、焐。重视调汤，保持菜的原汁。风味清鲜，浓而不腻，淡而不薄，酥松脱骨而不失其形，滑嫩爽脆而不失其味。

苏菜由金陵菜、淮扬菜、苏锡菜、徐海菜组成，其味清鲜，咸中稍甜，注重本味。其选料不拘一格，用料物尽其用。金陵菜以南京菜为代表，兼取四方之美，口味和醇，外形玲珑细巧，以善制鸭馔而出名，素有"金陵鸭馔甲天下"之说。淮扬菜和鲁菜系的孔府风味并称"国菜"，选料严谨，讲究鲜活，主料突出，刀工精细，重视调汤，精于造型。苏锡菜原汁原味，花色精细，时令时鲜，甜咸适中，酥烂可口，清雅多姿，苏州民间有"天下第一食府"的美誉。徐海菜以咸鲜为主，五味兼蓄，注重"食疗、食补"。

苏菜的经典菜式有松鼠鳜鱼（图2-1-5）、金陵烤鸭、彭城鱼丸、天目湖砂锅鱼头、羊方藏鱼、蟹粉狮子头、霸王别姬、盐水鸭、软兜鳝鱼、大煮干丝等。

图2-1-5 松鼠鳜鱼

5. 天堂美食——浙菜

浙菜即浙江菜，南料北烹，味贯南北，清鲜爽脆。其地山清水秀，物产丰富，故谚曰："上有天堂，下有苏杭"。浙江省位于我国东海之滨，北部水道成网，素有"鱼米之乡"之称，西南丘陵起伏，盛产山珍野味，东部沿海渔场密布，水产资源丰富。浙菜以烹调技法丰富多彩闻名于国内外，与众不同的是因时因地而异，并喜欢以风景名胜为菜肴命名，烹调方法以炒、炸、烩、溜、蒸、烧为擅长，选料讲究，烹饪手法独到，注重本味，制作方法精细。

浙菜主要有杭州、宁波、绍兴、温州四个流派所组成，各自带有浓厚的地方特色。杭州菜以爆、炒、烩、炸为主，工艺精细，清鲜爽脆。宁波菜又叫甬帮菜，特点是"咸鲜合一"，口味"咸、鲜、臭"，以蒸、红烧、炖制海鲜见长，讲求鲜嫩软滑，注重大汤大水，保持原汁原味。绍兴菜擅长烹饪河鲜、家禽，入口香酥绵糯，富有乡村风味。温州菜也称"瓯菜"，瓯菜则以海鲜入馔为主，口味清鲜，淡而不薄，烹调讲究"二轻一重"，即轻油、轻芡、重刀工。

图2-1-6 东坡肉

浙菜的经典菜式有西湖醋鱼、东坡肉（图2-1-6）、干炸响铃、荷叶粉蒸肉、龙井虾仁、三丝敲鱼、干菜焖肉、生爆鳝片、冰糖甲鱼等。

6. 人间福地——闽菜

闽菜即福建菜，发源于福州，历经中原汉族文化和闽越族文化的混合而形成。汤是闽菜之精髓，素有"一汤十变"之说。闽菜以烹制山珍海味而著称，在色香味形俱佳的基础上，尤以"香""味"见长，以清鲜、和醇、荤香、多汤为主，擅以红糟、糖醋调味。闽菜刀工严谨，有"剞花如荔，切丝如发，片薄如纸"的美誉。闽菜讲究火候，注重调味，偏于酸甜淡，有"甜而不腻，酸而不峻，淡而不薄"之说。闽菜的食器别具一格，多采用小巧玲珑、古朴大方的大、中、小盖碗。

闽菜主要有福州、闽南、闽西三种流派。福州菜淡爽清鲜，讲究汤提鲜，擅长各类山珍海味；闽南菜（厦门、漳州、泉州一带）讲究佐料调味，重鲜香；闽西菜（长汀、宁化一带）偏重咸辣，烹制多为山珍，特显山区风味。故此，闽菜形成了三大特色，即一长于红糟调味，二长于制汤，三长于使用糖醋。

图2-1-7　佛跳墙

闽菜的经典菜式有佛跳墙（图2-1-7）、鸡汤汆海蚌、煎糟鳗鱼、八宝红鲟饭、白炒鲜竹蛏、太极芋泥、清蒸加力鱼、葱烧蹄筋、荔枝肉等。

7. 芙蓉国——湘菜

湘菜即湖南菜，早在汉朝就已经形成菜系，最大特色就是辣。湖南气候温湿，故湖南人喜食辣椒，不亚于川蜀。湘菜刀工精妙，基本刀法有16种，使菜肴千姿百态，变化无穷。重视原料互相搭配，滋味互相渗透。做工精细，在用料上比较广泛，口味多变，品种繁多；在色泽上油重色浓，讲求实惠；在品味上注重香辣、香鲜、软嫩；制法上以煨、炖、腊、蒸、炒诸法见称。

湘菜以湘江流域、洞庭湖区和湘西山区三种地方风味为主。湘江流域以长沙、衡阳、湘潭为中心，是湖南菜系中的主要代表，油重色浓，讲求实惠，在品味上注重酸辣、香鲜、软嫩，在制法上以煨、炖、腊、蒸、炒诸法见称。洞庭湖区以烹制河鲜、家禽和家畜见长，多用炖、烧、蒸、腊的制法，其特点是芡大油厚，咸辣香软。湘西山区擅长制作山珍野味、烟熏腊肉和各种腌肉，口味侧重咸香酸辣，常以柴炭作燃料，有浓厚的山乡风味。

图2-1-8　麻辣仔鸡

湘菜的经典菜式有麻辣仔鸡（图2-1-8）、东安鸡、剁椒鱼头、冰糖湘莲、组庵豆腐、海参盆蒸、洞庭金龟、炒血鸭、红烧寒菌等。

8. 江淮山水——徽菜

徽菜即徽州府菜，继承了医食同源的传统，讲究食补。徽菜就地取材，以鲜制胜；擅用火候，火功独到；娴于烧炖，浓淡相宜；注重天然，以食养身。在烹调方法上以烧、炖、焖、蒸、熏等技艺为主。《徽菜标准化体系表》是我国八大菜系中第一部标准化体系表，分别从综合标准、烹饪原料、烹饪工艺、徽式菜品、烹饪设备五方面对徽菜进行了规范统一。

徽菜由皖南、沿江、沿淮三种地方风味构成。皖南风味以徽州地方菜肴为代表，擅长烧、炖，讲究火功，并习以火腿佐味，用冰糖提鲜，善于保持原汁原味。沿江风味盛于芜湖、安庆及巢湖地区以烹调河鲜、家禽见长，讲究刀工，注意形色，善于用糖调味，擅长红烧、清蒸和烟熏技艺，其菜肴有酥嫩、鲜醇、清爽、浓香的特色。沿淮风味主要盛于蚌埠、宿县、阜阳等地，擅长烧、炸、熘等技法，其风味质朴、酥脆、咸鲜、爽口。

图 2-1-9　胡氏一品锅

徽菜的经典菜式有腌鲜鳜鱼、问政山笋、徽州毛豆腐、胡氏一品锅（图 2-1-9）、火腿炖甲鱼、无为熏鸭、包公鱼、吴王贡鹅等。

测试题

 一、单项选择题

1. 在八大菜系中，有"五滋六味"之说的是（　　）。

A. 川菜　　　　　　　B. 粤菜　　　　　　　C. 鲁菜　　　　　　　D. 湘菜

2. 在下列经典名菜中，属于鲁菜代表的是（　　）。

A. 夫妻肺片　　　　　B. 盐焗鸡　　　　　　C. 干蒸加吉鱼　　　　D. 松鼠鳜鱼

3. 八大菜系各具特色，对于它们的描述，下列描述中正确的是（　　）。

A. 浙菜选料严谨，有"取巴蜀丰富物产，烹巴蜀之美味"之说

B. 闽菜刀工严谨，有"剖花如荔，切丝如发，片薄如纸"的美誉

C. 粤菜历史悠久，"食不厌精、脍不厌细"

D. "坛起荤香飘四邻，佛闻弃禅跳墙来"赞的是徽菜经典菜式佛跳墙

 二、简答题

1. 请简述中式菜肴的构成。

2. 请简述中式菜肴的特点。

3. 请写出中国的八大菜系名称。

三、案例分析题

小张在江苏某星级酒店实习。他在为落座的几位外国客人斟倒饮品时，一位国际友人提及"上有天堂、下有苏杭"，说他们今天专程来品尝苏杭美食，让小张帮忙推荐几道正宗的苏菜、浙菜。小张根据当天餐厅提供菜品情况，推荐了松鼠鳜鱼、盐水鸭、东坡肉、龙井虾仁、干炸响铃及几道时令菜品，上菜时还为客人讲解了东坡肉的典故和烹制方法，客人们赞不绝口。

思考分析：

1. 作为餐厅服务人员，你认为应该掌握哪些菜品知识才能提供优质的服务？
2. 中国是饮食文化大国，如何让客人通过品尝到的美食感受中华饮食文化的魅力。

学习任务2　中餐服务流程

情境导入

在某五星级酒店的中餐零点厅里，实习生小温刚给几位客人点完菜，就被另外一桌生气的客人叫了过去，原来客人点的菜，过了半个小时还没有上菜，客人要求结账退菜。小温赶紧跑到厨房询问缘由，原来，还有一桌后来的客人也点了同样的菜，传菜员先传到那一桌去了，而这桌客人的菜还没开始做。小温抱歉地对客人说："这个菜品还要稍等一会儿，要不您再等等？"客人摇摇头，小温只好给客人退了菜。客人带着一肚子气结账离开了。小温望着离去的客人，心中有些愧疚。

分析：客人之所以离开，是因为上菜的速度太慢，等待时间过长，超过客人心理预期。作为服务员，要对菜品的烹饪时间心中有数，对于烹饪时间长的菜品，点菜时要提前告知客人。点菜完成后，还要随时留心每一桌的上菜速度、上菜的先后顺序。有时候，还需要主动去后厨查询出菜状况，努力把服务做到在客人开口之前。

中餐厅服务是一个综合复杂的工作程序，包括餐前服务、就餐服务、餐后服务三个阶段，是指客人从进入餐厅到结账离开的全过程服务，涵盖了服务人员从餐前准备工作、迎宾引领、点菜服务、席间服务到结账送客的各个工作环节，既要和客人沟通，又要提供相应的服务。因此，服务员只有熟练掌握中餐服务程序，才能更好地为客人提供服务。

一、餐前服务

（一）班前例会

餐厅在正式营业之前，都会召开班前例会。由餐厅主管或者经理主持，全体服务人员参加。其主要内容是记录考勤、检查员工的仪容仪表、说明当日餐厅的菜肴情况、客人预订情况、工作安排、服务注意事项、员工激励等。开完会后，大家回到各自的工作岗位，开始当日的工作。

1.记录考勤

员工按照餐厅要求列队，主管或者经理检查员工到岗情况，是否有迟到、未到现象，并记录下来。

2.仪容仪表

目视逐一检查员工的头发、妆容、工装、鞋袜、手部卫生是否符合岗位规范，对违规者提出批评并按照酒店制度处理。

3.当餐菜情

向员工介绍当餐的菜肴情况，是否有创新菜、特价菜、时令菜推出，是否有急推、沽清菜品，简单培训员工的推荐用语。

4.客情预订

通报当餐客人的预订包间、餐桌和人数，以及其他的预订情况，提醒相关服务人员做好工作准备。

5.工作安排

根据员工到岗和客情情况合理调整人员安排，明确岗位职责和任务要求。

6.注意事项

总结之前的服务经验和失败教训，规范服务流程、提高服务技巧，要求全体服务人员善于思考、精益求精。

7.员工激励

发现员工身上的闪光点并加以鼓励，肯定员工的岗位意识、敬业意识，让员工以良好的状态投入工作。

（二）环境卫生

进行餐前环境卫生的清洁工作，给客人创造一个优雅、整洁的就餐环境，具体包括门窗地面、餐桌椅及服务台、布件棉织品、家具家电、植物花草等的清洁卫生。若有的包间还设有单独的卫生间或者大衣柜，还需要保持卫生间的卫生和大衣柜的整洁。

1.门窗地面

抹尘时要先湿后干、从上到下。确保无污渍、玻璃透明光亮。若地面为地毯时，先捡去大块垃圾，再用吸尘器顺着纹理，由里到外吸尘。若地面为大理石或地板，先清扫，再由里到外拖干净，注意防滑。注意，清扫时，应放置警示提醒标志牌。

2.餐桌椅及服务台

餐桌转盘干净无指痕，餐桌摆放的工艺品无灰尘，桌椅无损坏，服务台台面整洁、摆放有序，台内物品卫生干净，归类摆放整齐，方便使用。

3.布件棉织品

台布、餐巾、椅套、毛巾、桌裙等布件、棉织品干净、整洁。

4.家具家电

电视、空调、音响、沙发、茶几等家具家电干净，无灰尘、无掉漆现象，设备的使用状态良好。

5.植物花草

植物常浇水，无枯枝败叶，花盆无杂物。

6.空气清新

适当开窗，使空气流通且无异味，室温适宜。

（三）物品用具

备好调味品、开水、茶叶等开餐物品，整理工作台，并补充备用餐具，准备分菜叉勺、托盘、菜单等服务用具。按中餐摆台的规范摆台（见主题1任务4中的摆台技能），并按照预订部门和班前会所发的客人情况进行调整。

1.餐酒用具

陶瓷类：无缺口、无破损、光亮清洁；金属类：无锈迹、无污迹、无变形，状态良好；玻璃类：无裂纹、无痕迹、无破损，光亮清洁。

2.服务用具

菜单酒单:无破损、无污迹、无折痕，印刷精美;托盘:无变形、无污迹，可放置防滑垫;分菜叉勺:数量合理、干净。

3.其他

茶叶、调味品在保质期内，无变质、无异味。

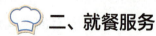 二、就餐服务

就餐服务是指客人步入餐厅前台到用餐完毕的整个服务过程，可以划分为就餐前服务、

就餐中服务两个阶段。就餐前服务，是指客人在正式用餐之前，酒店或餐厅提供的具有引导性的具体服务，包含迎宾引位、按位开茶、点菜服务三个环节，由迎宾员和值台服务员协作完成。就餐中服务，是指客人用餐期间的全过程服务，包含菜肴服务、席间巡台服务、甜品水果服务三个环节，由值台服务员独立完成。

（一）迎宾引位

亲切热情的迎宾服务，会让刚刚步入中餐厅的客人有宾至如归的感觉，是客人享受愉悦的用餐过程的开端。作为迎宾员，我们要有良好的仪容仪表，正确的礼貌用语，得体优雅的手势来给客人留下深刻的第一印象。

1. 迎宾引位注意事项

（1）礼貌招呼客人并询问是否有预订，如果有预订，可以引领客人到预订位置上就座；如无预订，可根据客人人数安排位置，以充分利用餐厅的服务能力，在服务过程中要尊重客人选择。

（2）先到餐厅的客人应尽量安排在靠窗口、门口区域的餐位，以便窗外、门外的行人看见，有利于招徕顾客。

（3）应尽量将情侣安排在安静的角落，避免被打扰。

（4）对于衣着时尚的时髦女性，征求其意见后可安排在餐厅中央显眼的位置上。

（5）将老年人、残疾人安排在靠门附近，残疾人座位应尽量挡住其残疾部位。

（6）为带孩子的客人主动提供儿童椅，并提醒孩子远离过道，保证其安全。

（7）对带宠物来餐厅的客人，应婉言告诉客人宠物不能带进餐厅。

（8）对于接近最后点菜时间才到达餐厅的客人，尽量将其安排在靠近厨房的位置，以方便迅速上菜。

（9）在引领客人进入餐厅各服务区时，应按照人数安排餐桌，充分利用餐位，还应注意均匀分配工作量，提供优质服务。

2. 迎宾引位具体内容

（1）迎接客人

迎宾员按时上岗，标准站姿站好，微笑迎候客人。客人离门口约1.5米时，主动上前迎接，礼貌问候客人。确定就餐后，询问是否预订过，认真核实。若无预订，确认客人人数后，查看是否有空桌。

当餐厅客满时，请客人在沙发休息区等候，在了解餐厅用餐情况后，告诉客人大约等待的时间，等候时可以提供菜单和相关服务，并时常给客人以问候；等有空位，即按等候顺序安排入座。如果客人不愿意等候，可主动帮助联系本饭店的其他餐厅，尽量安排客人在本饭店就餐。

（2）引领客人

迎宾员面带微笑，在客人左前方1米处引领客人，经过拐角、楼梯时，要礼貌提醒客人注意脚下。与客人步速保持一致，注意用手势指引方向，行动不便者适当帮助。将客人引至餐桌旁并主动询问客人是否满意。每张餐桌只安排同一批客人就餐。

（3）拉椅让座

迎宾员站在椅背正后方，双手握住椅背的两侧，后退半步的同时将椅子轻轻向后拉开以便客人有足够空间入座。右手做邀请的手势，配合礼貌用语示意客人入座。客人即将坐下时，双手扶住椅背两侧，同时右脚抵住椅背，手脚配合慢慢向前推，使客人恰到好处地坐下。服务过程中应遵循"女士优先、先宾后主"的服务原则。若有儿童就餐，需搬来儿童座椅并协助其入座。

（4）呈递菜单

待客人入座后，在客人右侧呈递菜单、酒水单。注意菜单或酒水单应干净无污迹，将菜单、酒水单翻至第一页，双手递送，配合礼貌用语请客人查看。递送时，遵循"女士优先、先宾后主"的原则。

（5）交接记录

与值台服务员交接客人人数等相关信息，祝用餐愉快后，礼貌地告别客人，返回迎宾台，将台号、就餐人数、到达时间等相关情况记录。

（二）按位开茶

迎宾员与值台员交接完后，由值台服务员进行后续的服务工作。主要包括调整餐位、餐巾筷套、服务香巾、茶水服务四个环节。

1.调整餐位

根据用餐人数调整餐位，包括餐椅调整、餐具增减和餐位之间的距离调整等。使用托盘操作，声音轻。

2.餐巾筷套

按照先宾后主的原则，在客人右侧分发，要顺时针操作。右手拿起餐巾一角，侧身轻轻打开，右手前、左手后，将餐巾正面朝上，一角压在客人骨碟下方或铺放在客人腿上，避免胳膊碰到客人胸部。右手拿起筷套，交与左手打开，右手握住筷子尾端，摆放在筷架上，再用手握住拆封的筷套，最后一并撤走。

3.服务香巾

准备好香巾托、香巾夹、托盘等服务用具。将准备好的温热的香巾（约40℃），按照客人人数从保温箱中取出（夏天可用凉香巾），用香巾夹将香巾放在客人的巾托上。一般按照女士优先、先宾后主的原则站在客人右侧，依次用托盘递送。递送时，注意手指只能接触巾托边缘部分。待客人用过后，征询其同意后方可撤走巾托和香巾。

4. 茶水服务

在客人右侧，用选择疑问句的方式报出茶水品种，询问客人对茶水的需求。介绍时，应采用从高到低的报价方法，价位高的茶先介绍后报价，价位低的先报价后介绍。在备餐间或工作台根据要求将茶泡好，站在客人右侧斟倒第一杯礼貌茶，以八分满为宜。一般按照先宾后主、女士优先的原则斟茶，顺时针操作，并用礼貌语说"您好，请用茶"。斟茶时注意卫生，手不能触及杯口，壶嘴不可触及杯沿，避免不慎将茶水倒在餐桌上。不能反手斟茶，也不能因茶水断流导致一杯茶斟倒两次。

（三）点菜服务

茶水服务后，值台服务员应做好点菜的准备工作，站在适当的位置，随时准备帮助客人点菜。为了提供优质服务，进行良好的推销，服务员应熟悉菜单，了解客人的需求，主动提供各种信息和帮助，并按规范进行点菜服务。

1. 点菜前的知识准备

（1）了解菜单上菜肴的制作方法、口味特点、烹调时间、使用原料和装盘要求，并能用外语简单介绍。

（2）了解菜单上菜肴的单位，即每份菜的规格和分量等，通常以盘、斤、两、只、打、碗等来表示。

（3）掌握不同人数的客人所需要菜肴的组成和分量。

（4）了解客人口味及饮食需求。通过观察客人的言谈举止、年龄获得信息，同时掌握客源国的饮食习惯和菜肴知识，便于做好建议性销售工作。

（5）懂得上菜顺序、时机和佐料搭配。

2. 点菜服务具体内容

（1）接受点菜

服务员站在客人右后方，礼貌询问客人是否可以开始点菜。待客人同意后，拿出点菜服务用品，如笔、点菜单、电子点菜工具等，接受客人点菜。

（2）提供建议

当客人需要服务员提供建议时，可先了解客人口味、有无特殊需求等。预先了解需求会让建议更有针对性，而良好的服务态度和专业的菜肴知识也会体现服务的细节化和专业性。点菜时，应主动介绍菜式的特点，帮助客人挑选本餐厅的特色菜，特别是厨师当天推荐的创新菜、时令菜、特价菜。不可催促客人点菜，不可推荐过多的菜品，若推荐过多的菜品，会让客人无法选择，也可能造成客人点菜过多而浪费。推荐菜时应注意荤素搭配和分量适中，若客人所点菜品已经沽清或者烹制时间较长，要对客人做好解释工作。适当推荐酒水、饮料。

（3）准确记录

记录点菜时，身体微前倾，认真记下客人所点的菜品名。若没有听清，要向客人问清楚，注明客人的特殊需求和禁忌，可用不同颜色笔标注。菜品、点心、水果根据厨房要求可分单填写（包括桌号、包间、填单人、日期等信息）。填写字迹清楚、内容准确，多余空行划掉。

（4）复述确认

客人点完菜后，清楚地复述一遍客人所点菜品，与客人核对，防止出现错漏。待客人确认后，收回菜单，并向客人致谢。

（5）菜单入厨

将点菜服务用品送回原位，方便下次寻找使用。接下来，将点菜单分联送入厨房和其他部门，点菜电子系统点击确认发送。

（四）菜肴服务

中餐厅的菜肴服务，要求服务准确到位、动作迅速，并注重礼仪。

1.上菜前核对检查

值台服务员在上菜前要检查菜肴的质量和数量，做到"六不上"。

（1）与客人菜单不符不上。

（2）菜不熟不上。

（3）量不够不上。

（4）颜色不对不上。

（5）不合卫生要求不上。

（6）热菜不够热不上。

2.上菜时机

客人点菜完毕后，应将冷菜尽快送上。接下来，当冷菜吃到剩余 1/3 ~ 1/2 时上热菜，且要将热菜要依次端上桌。当前一道菜吃完一半时，服务员就要将下一道菜送上。上菜时，不能一次上得过多，避免餐桌上的空间不够，也不能上得过少，使餐桌上出现空盘。对于在小桌用餐，点菜较少的客人，一般在 20 分钟左右上完；对于在大桌用餐，点菜较多的客人，一般在 30 分钟左右上完，但也可以根据客人的需求灵活掌握。

3.上菜顺序

可根据地方习惯安排，有些地方的上菜顺序是先冷菜、后热菜（热菜先上海鲜、名贵菜肴，后上肉禽鱼、蔬菜类）、汤、面、饭、点心、甜菜、水果，有些地区是先吃冷菜、后喝汤，再吃其他热菜。

4.上菜位置

中餐厅零点服务灵活，服务员应注意观察，严禁在主人和主宾之间上菜，这样可以避免影响主客之间的交谈和用餐。

5.菜肴摆放

（1）上菜时要轻巧，不要发出声音，端送盘、碟、碗时，要以四指支撑底部，大拇指轻按边缘，不可触及食物。

（2）要注意菜品最适宜观赏一面位置的摆放。例如，当菜品中有带图案的拼盘时，应将其正面放在主人或主宾的面前，方便主人与主宾欣赏。

（3）第一道热菜应放在主人和主宾的前面，没有吃完的菜则移向副主人一边，后面的菜可遵循同样的原则摆放。

（4）遵循"鸡不献头，鸭不献尾，鱼不献脊"的传统礼貌习惯，即在给客人送上鸡、鸭、鱼一类的菜时，不要将鸡头、鸭尾、鱼脊对着主宾。

（5）上热汤时，应提醒客人小心烫伤。

（6）每逢餐厅营业高峰，若两批客人同坐在一个餐桌上就餐时，摆菜时将菜品分开。不同批次客人的菜向各自方向靠拢，不能随意摆放，否则容易造成误解。

6.分菜服务

详见主题1学习任务6——分菜技能。

（五）席间巡台服务

作为一名优秀的餐厅服务员，还要随时注意客人的进餐情况，勤巡视台面卫生状况。良好的服务体现在服务员将工作做在客人开口之前。

1.添加酒水

根据客人用餐情况随时添加酒水、推销饮品，主动服务。

2.撤换物品

（1）撤换骨碟：从主宾开始，左手托盘，右手撤换，顺时针方向进行。用过的骨碟和未使用的骨碟要严格区分，防止污染。撤走未用完的骨碟时要征求客人的意见。一般来说，上带壳、带骨的菜肴、名贵菜肴、口味差异大的菜肴、甜品水果前，要更换骨碟。

（2）撤换酒具：在征求客人意见后，从主宾开始，左手托盘，右手撤换，顺时针方向进行。注意托盘要稳操作要轻。在客人主动提出杯中洒落异物、更换酒品时也要撤换酒杯。

（3）撤换烟缸：将1个干净的烟灰缸放于托盘上，从客人的右侧把干净的烟灰缸盖在用过的烟灰缸上，将两个烟灰缸一起放在托盘上，然后再把干净的烟灰缸放回客人右侧，然后在干净的烟灰缸里放上大小合适的湿巾。当烟灰缸里有两个烟头或者明显杂物时，要及时撤换，注意避免烟灰扬尘。

（4）撤换热毛巾：客人入座后可提供第一次小毛巾服务，待客人用过后，应及时撤走换掉。用餐中可随时提供小毛巾，用完餐后可再次提供小毛巾。

3. 整理台面

整理台面，保持台面清洁美观。及时撤去空盘、空饮料瓶，待客人同意后可合并同类菜或帮助分派，也可将大盘换成小盘，但不可用盘子压住盘子。

4. 席间拉椅

若客人在席间离座，应上前帮忙拉椅，待客人回座时再次帮客人拉椅，要主动服务。

5. 主动询问

客人停筷后，主动询问是否需要水果、甜品，主动营销。倡导节约精神，询问客人是否需要将多余的菜肴打包带走，如有需要，迅速按规范帮客人打包。

（六）甜品水果服务

客人用餐即将结束时，可以提供餐后甜品或水果服务。若客人之前没有下单，可主动询问客人是否需要添加。

1. 接受点单

按照规范帮客人点单。

2. 撤换餐具

征询客人意见后，撤走菜盘和吃咸味菜的餐具，只留下牙签和装有酒水的杯子。

3. 上甜品水果

摆上甜品或水果的餐具，再上水果甜品。

4. 茶水服务

待客人用完水果后，可提供茶水服务。

 ## 三、餐后服务

餐后服务是指客人用餐完毕后的后续服务，包含结账送客、检查收台两个环节，可由值台服务员独立完成或配合收银员完成。

1. 结账方式

结账服务直接关系到餐厅或酒店的经济效益，因此，服务员应熟练掌握结账服务的具体方式和规范程序，为客人提供优质的服务。酒店餐厅中常见的结账方式有移动支付、现金结账、信用卡结账、挂账签单等。

（1）移动支付方式。当客人表示使用支付宝或微信付款时，服务员应请客人打开手机，出示付款二维码，服务员用电子设备扫码。客人也可以扫描付款二维码支付。在客人输入密

码时，餐厅服务员要注意避让。

（2）现金结账。当客人使用现金付款时，服务员应在餐桌边当面点清钱款，请客人稍候，将客人的账单及现金送交收银台。服务员应仔细核对收银员找回的零钱是否正确，在客人右侧将所找零钱夹在账单夹内双手递出，礼貌致谢并提醒客人当面点清。当客人用现金结账时要小声唱收唱付。

（3）信用卡结账。当客人使用信用卡结账时，服务员应双手接过，并进行初步查验，包括信用卡是否是本餐厅接受的种类、有效期、持卡人姓名等。

若发现信用卡存在以上问题，应立刻礼貌地跟客人说明，并建议客人更换信用卡或采用其他方式结账。若无问题，则应向客人致谢并请客人稍候，迅速将账单和信用卡等送至收银台。若信用卡为免密支付，则需要将签购单和账单送给客人，若需要客人签字或输入密码，则可以引导客人至收银台办理。

（4）挂账签单。当客人提出签单要求时，服务员应礼貌地请客人出示签单凭证，一般住店客人需要出示欢迎卡或房卡，而协议单位客人则需出示协议签单证明。若是住店客人，需要服务员到收银台查询押金金额能否抵扣餐费。

查验无误后，服务员应立即用双手递上签字笔，并对客人说："您好，请您在这里签名。"当客人签名后，服务员应仔细核对客人签名与签单凭证上的签名是否一致，并礼貌致谢。

2. 餐后服务具体内容

当客人吃完菜品，但并没有离开时，服务人员应继续茶水服务，严禁在语言、表情、动作上流露出催促之意。可以准备好账单，当客人示意后，迅速服务。

（1）结账送客

客人示意结账后，服务员准备好账单，请客人（一般为主人）核对。递送账单时，应尽量避免其他客人看到账单。只有当客人要求报出消费金额时，服务员才需要轻声报出数额。

客人账单应放在账单夹或者收银盘内。如果使用账单夹应将账单端正放好，走到主人右侧，打开账单夹，右手持账单夹的上端，左手轻托账单夹下方，身体略向前倾，呈送至客人面前请客人核对账单，并礼貌地对客人说："您好，这是您的账单，请过目。"

账单核对存在疑问时，若因客人不熟悉收费标准或算错账目，则应小声向客人解释，态度要诚恳，语气要友善，不使客人感到尴尬或难堪。若因工作失误造成差错，服务员应立即表示歉意，并及时修改账单，主动承担失误责任。

确认客人的付款方式（现金、移动支付、信用卡、挂账签单），并询问是否需要开发票。询问付款方式，可以让服务员更有针对性、更高效地为客人服务，从而减少客人的等待时间。

协助收银员，进行结账服务。客人起身离座，上前拉椅，帮助客人拿外套，提醒客人带上随身物品和打包食品，防止物品遗漏。

向客人诚恳致谢并道再见。

（2）检查收台

客人走后，再次检查是否有遗留物品，如发现遗留物品立即交还给客人或交餐厅经理处理。拾金不昧是餐厅服务员的职业素养，诚信是社会主义价值观的重要表现。

先整理餐椅，后清点餐巾和小毛巾，将所有餐具分类送至工作台或洗碗间。分类清点有利于统计数量，也可以为下一步的工作提供便利。换上干净的台布，重新摆台后，服务员便可以等候迎接下一批客人或继续服务其他客人。

测试题

 一、单选题

1. 征询客人需要的饮料品种，应使用（　　），主动介绍饮料品种，可以边递铺餐巾和去筷套，边询问客人喝什么饮料，一般在客人（　　）操作。

A. 陈述句，左边　　　　　　　　B. 选择疑问句，左边

C. 陈述句，右边　　　　　　　　D. 选择疑问句，右边

2. 服务员进行对客服务时，其操作符合中餐服务规范的是（　　）。

A. 在客人入座后提供小毛巾服务　　B. 为客人斟茶至满杯

C. 从主人位开始撤换骨碟　　　　　D. 上水果后为客人更换餐具

3. 餐厅服务员在引领、安排客人入座时，以下做法恰当的是（　　）。

A. 将开始营业时进来的客人安排在餐厅最里面的位置上

B. 接近营业结束时到来的客人安排在靠近厨房的位置

C. 当客满时，请客人到其他酒店就餐

D. 将带宠物的客人安排在餐厅的角落里

 二、简答题

1. 简述中餐服务准备工作的内容？

2. 简述中餐餐后服务工作的内容？

3. 中餐零点厅午晚餐服务中，服务员要进行席间巡台服务，请写出席间巡台服务的内容。

 三、案例分析题

实习生小温负责的包间里已经开始上菜了，客人对菜品的口味非常满意，小温的心里也

是美滋滋的，服务间里又来了一道新菜，小温赶忙上桌。这时，坐在主人位置的客人放下了筷子，疑惑地看着小温，问"服务员，我们没有点这道菜吧？"小温赶紧去核对包间里留存的点菜单，然后和客人说："不好意思，先生，您点了。"客人生气了，对小温说，"我没有点，我请的客人是不喜欢吃羊肉的，我当时只是问了问，根本没点！"小温回忆了一下当时点菜的情形，有点模糊了。小温该怎么办呢？

根据以上案例分析实习生小温在服务中的哪个环节出了问题。

四、论述题

客人到餐厅就餐时，希望服务人员能够热情接待，期待能吃上合口味的菜肴，得到周到的服务。请结合所学知识论述服务员应如何做好服务工作？

学习任务3　团队用餐服务

情境导入

××酒店接到××合作旅行社的团队用餐预订。作为中餐厅服务员，需根据预订单内容，结合对合作旅行社的了解和本次团队的特点，做好团队用餐准备及服务工作。

分析：团队用餐是在预订后，以统一标准、统一菜式、统一时间进行集体简易就餐的一种形式。中餐厅服务员需掌握团队用餐的特点，熟悉团队用餐服务流程，规范灵活处理团队用餐过程中的突发事件。此外，还要掌握准确固定客户的信息及用餐习惯。

一、团队用餐的特点

团队餐主要是接待各类旅游、会议等的团体客人用餐，特点是：

（1）用餐标准统一。消费水平一般低于宴会和零点。

（2）菜式标准统一。但是菜单的菜式品种每天都有变化。

（3）时间统一。就餐人数集中，所以餐前准备尤为重要。

（4）服务方式统一。团队餐用餐人数较多且集中用餐，因此，在服务中要突出迅速、快捷的特点。

团队餐虽然不是以品尝美味佳肴为主，菜肴也不像宴会那样精致，服务没那么讲究，礼仪没那么烦琐，但是餐厅在制作菜单时，一定要考虑到花色品种的翻新，保证餐饮质量，从而最大限度地满足大多数客人的需求。

二、团队用餐的服务流程

（一）餐前准备

基本需求同零点服务，但是还需要注意：

（1）开餐前，做好餐厅的环境卫生和服务员个人卫生工作。

（2）服务员要精确掌握接待团队的基本信息，包括团队名称、用餐人数、开餐时间、接待规格等，了解客人的特殊要求和饮食禁忌，以便做好充分准备，为客人提供优质服务。

（3）熟悉当天的菜单品种、菜式风味与特点。

（4）遵循用餐原则，按预计到达人数布置台位。不同团队餐台相对分隔，团队餐台相对固定，给客人以稳定感。

（5）备好餐具、茶叶、开水、酒水、调味品等，做好开餐准备。

（6）站立并恭候客人光临。

（二）开餐服务

（1）迎候客人。客人到达餐厅，服务员面带微笑，热情迎接客人，礼貌地询问团队名称或会议名称，引领客人入座。对宗教信仰和风俗习惯不同的客人给予特别安排。

（2）斟茶。客人入座后，按要求为客人斟倒茶水，如客人不饮茶，则及时为客人斟倒所需饮品。

（3）上菜。客人到齐后，应征询团队负责人是否上菜，待其同意后，迅速告知厨房出菜。上菜时要掌握好节奏。上热菜时报菜名，合适分派菜肴，同步上主食。

（4）席间服务。勤巡台，勤斟倒茶水、添加主食，同步注意台面清洁，撤走空盘，菜上齐后告知客人菜已上齐。为客人提供小毛巾。

（5）结账。由迎送员负责请团队领队或陪同签单，并征求客人对菜肴质量的意见。

（6）送客。当客人起身离座时，服务员要主动为客人拉椅；同时，提醒客人不要忘记携带随身物品，对年长或身体不便的客人提供帮助。当客人离席后，及时整理餐台，检查是否有遗留物品，一经发现，应及时妥善处理。当客人离开餐厅时，服务员应面带微笑，热情、礼貌地向每位客人道别，并欢迎客人再次光临。

（三）团队用餐服务注意事项

（1）针对不同的团队餐进行用餐环境布置。如会议团餐的环境要布置得朴素大方，旅游团餐、婚宴团餐的环境要布置得热烈、欢快。

（2）团队餐的用餐形式可分为合食、分食，需按餐厅要求服务。

（3）团队餐筹划中对酒水有数量上的控制，服务员对客人提出的超标酒水要求应满足，但应礼貌地向客人解释差价现付。

（4）团队餐一般要等客人到齐后再上菜，不能提前上菜、上饭。

（5）团队用餐也包括早餐和午晚餐，由于两者的菜肴食品种类和数量都存在很大差别，所需餐具和摆台方式也不同。

测试题

 一、简答题

1.请简述团队用餐的特点。

2.请简述团队用餐服务中，餐前准备的内容。

 二、案例分析题

××星级酒店中餐厅，预订的旅游团因交通堵塞没有按电话预订的时间抵店，而当日同时间节点散客上座率很高。为减少餐厅损失，餐厅经理决定，一方面继续询问旅游团更改后的抵店时间；另一方面，允许已经上门而没有预订的散客使用该团预订的部分餐桌。同时，与其他餐厅联系，准备好其他撤台餐桌。旅行团抵店较晚，但餐厅迅速安排到位，得以顺利开餐。

思考分析：

1.餐厅接受团队预订的注意事项是什么？

2.餐厅经理的处理方式是否恰当，有什么技巧？

主题3　西餐服务

主题概览

　　西餐服务包括欧美主要国家的菜式、西餐菜肴服务方式、西餐正餐服务、西餐自助餐服务、客房送餐服务五大任务。本主题的主要目的是使学生初步了解西餐服务的主要菜式及其对应的服务方式，掌握西餐服务相关技能，掌握西餐厅服务员需要具备的基础知识与技能，使学生热爱餐饮服务行业，树立提供优质服务的理念，养成良好的职业素养并提高职业能力。

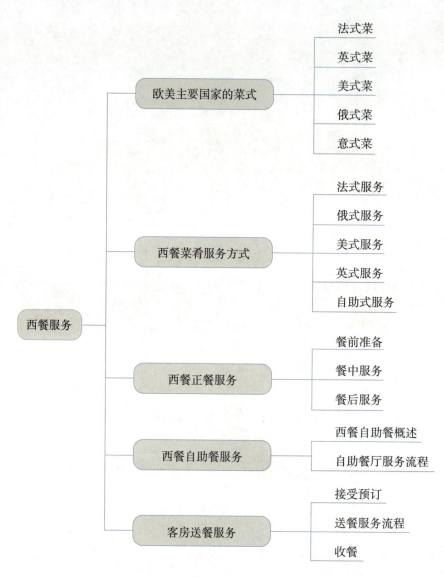

知识目标

1.掌握欧美主要国家的菜式及特点、名点名菜和美食代表；

2.掌握西餐厅午、晚餐的餐前准备工作、餐中服务、餐后服务的流程及操作规范；

3.掌握客房订餐和客房送餐的服务流程。

能力目标

1. 能够熟练介绍欧美主要国家菜式特点；
2. 能够熟练进行西餐厅午、晚餐的餐前准备工作、餐中和餐后的服务工作；
3. 能够熟练进行客房订餐和客房送餐服务。

素质目标

1. 提升自身的文化素养和职业素养；
2. 培养对餐饮服务行业的热爱之情。

学习任务1 欧美主要国家的菜式

情境导入

服务员小王在中餐厅工作一段时间后调入西餐厅工作。他发现西餐菜肴主料突出、装盘美观，口味鲜美，营养丰富；新鲜的法式海鲜大餐、色泽华丽的德国香肠、风味独特的俄国鲟鱼籽酱、具有美洲风情的苹果烤野鸭以及各式各样的意大利面等，都与中国美食有很大区别。为了做好服务工作，小王决心认真学习欧美国家的菜肴知识。

分析：西餐是欧美饮食文化的重要组成部分。随着社会经济的发展、对外交往的增多及人民生活水平的提高，西餐越来越多地出现在各种经济活动、社会活动和日常生活中。因此，无论是参加西餐宴请还是从事餐饮服务工作，大家都应该学习一些西餐知识。

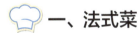 **一、法式菜**

（一）法式菜简介

法式菜营养均衡，以精工细致著称，堪称烹调领域中的艺术品，其菜肴与酒的完美搭配、厨师的个人技艺等都成为支撑整道菜肴的灵魂。法国人认为，吃不好就不是生活。法式菜被公认为西餐的代表，至今仍名列世界西菜之首。受其影响较大的国家有比利时、荷兰、卢森堡、阿尔及利亚、毛里塔尼亚等。

（二）菜肴特点

1.选料广泛，用料新鲜

法式菜用料偏重于牛肉、蔬菜、禽类、海味和水果，经常选用各种野味。由于选料广泛，品种就能按季节及时更换，因此能使菜肴始终保持新鲜；其他国家所不用或少用的原料，如蜗牛、黑菌、鹅肝、洋百合、椰树芯等，在法式菜中也都被列为上好的原料。另外，法国菜肴中会有半熟或者生食，一些食材（如牡蛎）更要生吃，所以原料一定要新鲜。

2. 烹调考究，因料施技

法国与瑞士、美国等国家一样，烹饪技术处于世界领先地位。法国菜的烹调方法很多，一般常用的有烤、煎、烩、焗、铁扒、焖、蒸等，仅土豆就有十几种做法。肉类菜肴一般烹调至六七成熟即可，而海鲜则要求热度适当，不可过热。

3. 注重调味，讲究原汁原味

法式菜肴注重调味，调味品种类多样。法国菜里还加入了各种香料，如洋葱、大蒜头、芹菜梗、胡萝卜、香叶、迷迭香、百里香、茴香等。什么菜中应放多少香料，都有一定的比例要求。各种香料有独特的风味，将它们放入菜肴之中，可以使菜肴形成独特的风味。比如，做肉菜时使用骨汤可使之保持原汁原味。

4. 擅用酒调味

法国盛产葡萄酒，而法国人在菜肴制作过程中喜欢用酒调味，对酒与菜肴的搭配非常讲究，什么样的菜配什么酒都有严格的规定。同样，在烹制食物的时候也是做什么菜用什么酒，而且用量较大。因此，无论是菜肴或点心，闻之香味浓郁，食之醇厚醉人。比如清汤用白葡萄酒，火鸡用香槟酒，炸蛙腿用白兰地，野味用红葡萄酒，点心水果用甜酒。

5. 常用地名、物名、人名命名

如"里昂土豆"，这道菜使用的洋葱和大蒜均来自里昂，故因此而而得名。再如"马赛鱼汤"的命名是因为该菜肴用海鱼做成，马赛是沿海城市，生产海鱼。还有"巴黎煎鱼""诺曼底猪排"等亦是如此。

（三）名菜名点

法式名菜名点有鹅肝酱、洋葱汤、牡蛎杯、巴黎龙虾、烤蒜头羊腿、瓦盅牛肉汤、奶油龙虾汤、焗蜗牛等。

（四）法国美食的代表——黑松露

黑松露又名黑菌，是法式西餐中又一经典的美食代表，也是鹅肝的绝配。它生长在有肥沃土壤的松林里，产量稀少且浑身黑色，被厚厚的松针掩盖着很难被发现，所以人们利用猪的敏锐嗅觉来发觉这道美味。用黑松露烹调出来的美味都带有独特的芳香和极高的营养价值。

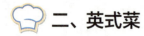

二、英式菜

（一）英式菜简介

英国的饮食烹饪有家庭美肴之称，烹调方法多以蒸、煮、烧、熏、炸见长。烤肉、熏制的鳟鱼和鲱鱼是英国人很喜爱的食品。另外，他们还爱吃布丁，比较著名的有圣诞布丁、冬至布丁、葡萄干布丁、青豆布丁等。受英式餐饮影响较大的国家和地区有美国、澳大利亚、新西兰、新加坡、印度、印度尼西亚、加拿大、加纳、坦桑尼亚等。

（二）菜肴特点

（1）英式菜讲究花色，少而精，注重营养搭配，口味清淡、少油、鲜嫩焦香。

（2）英式菜调味比较简单，很少用酒，主要有盐、胡椒粉、芥末酱、番茄沙司和醋等，放在餐桌上供客人自取。

（3）钟爱肉类，少用海鲜，多以牛肉、羊肉、水产、家禽和新鲜瓜果蔬菜为原料。

（三）名菜名点

英式名菜名点有西冷牛排、爱尔兰烩牛肉、英式各色铁扒、波特豪斯牛排、苏格兰肉汤、鸡丁沙拉、惠灵顿牛肉、皇家奶油鸡、烤羊腿排、冬至布丁等。

（四）英国圣诞节餐桌上的传统佳肴——烤栗子馅酿火鸡

烤栗子馅酿火鸡的做法是将栗子、鸡蛋、肉末等馅料填入火鸡腹中烤制而成。人们在吃的时候将其整个端上桌，由主人分派给每位用餐者，它是英国圣诞节餐桌上最重要的一道传统佳肴。

三、美式菜

（一）美式菜简介

美式菜是在英式菜的基础上发展起来的，深受英式菜的影响，可以说是英式菜的派生物。同时，美式菜又学习他国长处，汇集德国、法国、意大利等国家的烹饪技法精华，改良创新，形成了自己的特色。许多菜式品种，如布丁、苹果派等，虽然学自英国，但对烹饪方法略有变动，使其变得更有风味。美国烘焙点心的制作及装饰方法闻名于世。美国人爱吃甜品和水果，尤其喜爱冰激凌，不爱吃奇形怪状的动物，如海参、鱿鱼、无鳞鱼等，也不爱吃动物内脏和头尾全形的菜肴。受美式菜影响较大的国家和地区有加拿大、日本、德国等。

（二）菜肴特点

1.菜式简单，口味清淡

美式菜量少而精，清淡不腻注重营养搭配，口味咸中带甜。主菜以肉、鱼、鸡为主。烹调方法以煮、蒸、烤、铁扒为主。

2.水果入菜

善用水果做菜是美式菜的独到之处，无论是沙拉还是肉类主菜，使用水果均很普遍。美国菜中的色拉原料大多选用香蕉、苹果、梨、柚子、橘子等，再拌着芹菜、青生菜、土豆等，而调料则大多使用色拉油、沙司和鲜奶油，口味很别致，著名的华道夫色拉是其中最具代表性的。

3.注重营养

由于美国横跨大西洋和太平洋，物产丰富，又受英式菜的影响，美式菜讲究营养搭配。

（三）名菜名点

美式名菜名点有华道夫色拉、苹果烤鸭、美式什锦铁扒、丁香火腿、华盛顿奶油汤、德州烤排骨、汉堡牛排、花旗大虾、苹果派、糖酱煎饼、火烧冰激凌等。

（四）观赏性与美味兼具的宴会菜肴——焗丁香火腿

焗丁香火腿是将质量大约为5千克的整只火腿烤2小时以上，待其冷却后，用刀割去外皮，并用刀在火腿上划出相距各3 cm的正方形刀痕，再移入烤炉中，用大火烤制片刻，刷上威士忌酒、焦糖和芥末，在刀痕相交处，各按上一粒丁香再移入烤箱焗片刻，待焦糖融化制成的。这是一道宴会用菜肴，通常先上宴席供观赏，再由厨师当众分割、切片并分派。

四、俄式菜

（一）俄式菜简介

俄罗斯地处寒冷地区，人们的饮食习惯深受地理环境、气候条件和民族习俗的影响，使得俄式餐饮在西餐中有自己的显著特色。烹调方法以烤、熏腌为特色，菜肴口味较重且肥浓。高档俄式宴会上少不了鱼子酱，其中以黑鱼子酱更为名贵。俄罗斯人爱吃牛肉、羊肉、猪肉以及各种野味，还爱吃三文鱼和碎肉做馅的菜肴，各种各样的荤素包子、鱼包子等都是俄罗斯人喜爱的食品。土豆更是其一日三餐必不可少的，人们戏称土豆为"第二面包"。俄罗斯人民也喜欢吃冷饮和冷菜、汤和油腻味浓的菜肴，喜欢将肉类菜肴烧得熟透食用，爱喝伏特加酒。受俄式菜影响较大的有东欧诸国和德国（原东德地区）。

（二）菜肴特点

1.油重味浓

俄罗斯饮食热量较高，其中肉类菜肴较多，而且口味重，偏咸、辣、酸、甜；油性大，调味品特别重用酸奶油，甚至在沙司和有些点心中也要加上一些。酸黄瓜、酸奶渣是常用的菜品，酸黄瓜、酸白菜、酸萝卜等都是著名的俄罗斯腌菜，而这些又是俄罗斯菜中的必备配菜。黄油在俄式菜中用得较多，许多菜在烹制完成后要浇上一些黄油，所以口味较为肥浓。

2.冷菜讲究

俄式小吃的各种冷菜新鲜、味酸甜，如鱼子酱、酸黄瓜、冷酸鱼等。鱼子酱是俄式菜中的精华，搭配伏特加时口感最佳。亦可把鱼子酱涂在法国白面包或荞麦小圆饼上，再抹上一些酸奶油食用。

3. 擅做菜汤

俄罗斯人还喜欢做菜汤。俄罗斯汤种类很多，分冷汤和热汤，都少不了蔬菜。每日膳食中必有用肉、鲜白菜、酸白菜及其他多种蔬菜和调料制成的菜汤。其中莫斯科的红菜汤最具盛名。

（三）名菜名点

俄式名菜名点有鱼子酱、莫斯科红菜汤、黄油鸡卷、俄式冷盘、罗宋汤、茄汁腌鱼、柠檬鸡汤、串烤羊肉、红酒烩牛肉、芥末沙司鱼饼、鱼肉包子等。

（四）俄罗斯经典名菜——鱼子酱

鱼子酱分为红鱼子酱和黑鱼子酱，红鱼子酱是用鲑鱼卵加工制成的，是透明的橘红色，颗粒大；黑鱼子酱是由鲟鱼卵制成的，为灰黑色，颗粒小。

由于鲟鱼生长期漫长，性成熟迟，一般一条雌性鲟鱼要10年左右才能产卵，所以黑鱼子酱的产量很低，价格也较红鱼子酱昂贵许多，每千克要卖到3万元左右，可谓"一口鱼子一口金"。鱼子酱之所以名贵，是因为其制作过程烦琐。鱼子是在鱼死前取出的，在捕捞到鲟鱼后不能将其杀死，只能使它昏迷，然后在15分钟内完成12道工序，在取出鱼卵后要迅速筛滤、清洗、沥干，然后开始一连串需要高度技巧的美食加工步骤，否则就会影响到鱼子酱的品质和风味。越好的鱼子酱添加的盐分越少。按照俄罗斯的标准，盐分低于5%才能标示"Malossol"（俄文：低盐分）。

五、意式菜

（一）意式菜简介

意式菜肴的特点是原汁原味，以味浓著称。烹调注重炸、熏等，以炒、煎、炸、烩等方法见长，红焖和红烩是意大利菜肴最常用的烹饪方法。番茄汁、橄榄油、红花、奶酪等是意大利的特产，所以这些都是在意大利菜肴中经常被用到的调味品。意大利人特别喜爱面食，做法、吃法甚多，制作面条有独到之处，可以做出各种形状、颜色、味道的面条，如字母形、贝壳形、实心面条、通心粉等。另外，意大利人还喜食意式馄饨、意式饺子等。

（二）菜肴特点

1. 注重传统烹调工艺和火候的掌握

意式菜烹调方法以炒、煎、炸、红烩、红焖等著称。意大利菜对火候的要求很讲究，严格控制不同菜肴的烹饪时间和成熟度。

2. 原汁原味，香醇味浓

意式菜最为注重原料的本质、本色，成品力求保持原汁原味。注重调味汁的制作。另外，常用油醋汁、番茄酱、橄榄油、红花等调味。

3. 米面入菜

意式菜内容丰富、以米面入菜，是意大利菜肴最为显著的一个特点。面食既可以做汤，又可做菜、做沙拉等。意大利人制作的面条至少有几十种，烹调方法很多，可煮、烤、炒，也可做汤或配佐肉类菜肴或沙拉。

（三）名菜名点

意大利名菜名点有米兰猪排、意大利牛腱子饭、奶酪通心粉、那不勒斯烤龙虾、罗马魔鬼鸡、意大利比萨、意大利菜汤、意大利馄饨、意式焗鱼、白葡萄酒煮龙虾、意式红烩鸡、烤酿火鸡、意大利煎饼等。

（四）意大利传统面食——比萨

在发制过的面饼上抹上番茄酱等酱料后放上各种蔬菜、肉类再撒上干酪末，放入烤炉内烤至焦黄即成比萨。这是一道意大利的传统美食，有各种口味，深受大众喜爱。

测试题

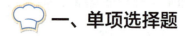 **一、单项选择题**

1. 服务员为客人推荐的下列菜品中属于意大利菜的是（　　）。

A. 黄油鸡卷　　　　B. 米兰猪排　　　　C. 丁香火腿　　　　D. 波特豪斯牛排

2. 以下属于英国传统名菜的菜肴是（　　）。

A. 烤蒜头羊腿　　　B. 苹果烤鸭　　　　C. 黄油鸡卷　　　　D. 西冷牛排

3. 史密斯先生提出品尝意大利风味菜肴，服务员应为其推荐（　　）。

A. 里昂土豆　　　　B. 丁香火腿　　　　C. 西冷牛排　　　　D. 那不勒斯烤龙虾

4. 客人就餐时点了一道菜品"诺曼底猪排"，该菜品属于（　　）。

A. 法式菜　　　　　B. 英式菜　　　　　C. 美式菜　　　　　D. 意大利菜

5. 以鱼子酱作为经典名菜的国家是（　　）。

A. 法国　　　　　　B. 英国　　　　　　C. 美国　　　　　　D. 俄罗斯

二、简答题

1. 简述法式菜的特点。

2. 简述美式菜的特点。

学习任务2　西餐菜肴服务方式

情景导入

服务员小王调入西餐厅工作。一天，来了几位法国客人就餐。小王按照通常的做法，在上主菜之前为他们提供了沙拉，客人对此很不高兴。领班发现后马上向客人道歉，并改正了错误。原来，法国人习惯在食用主菜之后和食用奶酪之前食用沙拉。小王很是内疚，决定学习更多西餐服务知识，为客人提供满意的服务。

分析：由于宗教、移民等历史原因，欧美地区各国的饮食习惯和文化相互影响、相互联系又有所区别，各个国家就形成了具有本国特色的菜肴风味和服务方式。

一、法式服务

（一）法式服务简介

法式服务是西餐服务中最高级别的服务，由于需要使用客前烹制车，又被称为"餐车式服务"。它是所有餐饮服务中最讲究、劳动最密集的服务，也是西餐服务中最豪华、周到，也最注重烹饪表演的。

法式服务注重现场烹制表演，所有菜肴均在厨房中略加烹调后置于手推车上，由助理服务员推出，由主服务员在客人面前烹制表演，再切割并分盛于餐盘中。法式服务一般需要两名服务员同时服务。主服务员的任务是：接受客人点菜、点酒水、上酒水；在客人面前即兴烹制表演，以烘托餐厅气氛；客前分菜、装盘；递送账单，为客人结账。助理服务员的任务是：送点菜单入厨房；将厨房准备好的菜盘放在推车上送至就餐区；将主服务员已装好盘的菜肴端送给客人。除两名服务员外，还有一名服务员引领客人就座，一位斟酒服务员帮助选酒斟酒。一些高档餐厅对法式服务进行了改良，简化了服务流程，即将食品在厨房烹饪完毕或部分做好后盛在盘中，由一位服务员端入就餐区将盛食品的主菜盘放在小圆桌上，然后装入客人就餐盘中，从而降低了桌边服务的劳动强度。

（二）法式服务优缺点（表3-2-1）

表3-2-1　法式服务优缺点

优点	缺点
优雅、个性化服务	对服务技能要求高，劳动力成本高
娱乐客人（如燃焰烹饪）	设备昂贵

续表

优点	缺点
服务周到	服务节奏缓慢
人均消费高	餐厅空间利用率和餐位周转率较低

（三）法式服务规则

（1）主菜采取右上右撤的规则摆放和撤下。

（2）色拉、面包、黄油采取左上左撤的规则摆放和撤下。

（3）热菜用热盘上，冷菜用冷盘上。

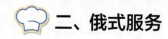

二、俄式服务

（一）俄式服务简介

俄式服务起源于俄国沙皇时代，在与拿破仑的俄法战争时期传至欧洲。俄式服务因需要大量使用银制餐用具而被称为"银盘式服务"。

俄式服务的服务效率高，摆台优美文雅，菜肴的品相整齐美观，成为世界各国高级西餐厅和大型西餐宴会盛行的服务方式，又被称为"国际式服务"。

俄式服务通常由一名服务员为一桌客人服务。在厨房出菜前，服务员先用右手从客人右侧顺时针送上空盘，冷菜用冷盘装，热菜用加温过的餐盘；然后从厨房中将装好菜肴的大银盘托到餐桌旁，站立于客人左侧，用右手从客人左侧按逆时针方向分菜。服务酒水和撤盘都在客人右侧操作。俄式服务的宗旨是保证客人顺利、快捷地吃到烹制好的热食。

（二）俄式服务优缺点（表 3-2-2）

表 3-2-2 俄式服务优缺点

优点	缺点
优美文雅（使用了大量的银器）	投资大，使用和保管要求高
欣赏菜肴，刺激客人的食欲 减少浪费（多余的食物可以回收）	分菜到最后，客人看到盘中菜肴所剩无几，可能会影响食欲
节省人力（每桌仅需一名服务员）	对服务员的服务技能要求较高
服务效率和餐厅空间利用率比较高	—

（三）俄式服务规则

（1）所有食品在厨房准备。

（2）分餐前先将空盘从客人右侧摆放在每位客人面前。

（3）分餐时从客人左侧按逆时针方向进行。

（4）从客人右侧按顺时针方向将用过的盘子撤掉，再上饮料和汤。

 ## 三、美式服务

（一）美式服务简介

美式服务起源于美国，因所有菜肴均在厨房分别装盘而被称为"餐盘式服务"。美式服务具有自由、快速、简单、成本低、大众化等特点，在我国各西餐厅中比较常见。

在美式服务中，食物在厨房由厨师按客人人数分别装盘，每人一份，由服务员直接端着送给客人。上菜时在客人右侧进行操作，用右手从客人右侧送上，撤盘时也从右侧进行。服务简单、速度快，是最普遍的服务模式，常见于咖啡厅，也用在服务速度快、服务量大的西餐宴会中。

（二）美式服务优缺点（表 3-2-3）

表 3-2-3　美式服务优缺点

优点	缺点
服务快速、对服务员的服务技能要求有限	个性化服务程度低
便于控制食物分量	客人不能选择食物分量
餐具成本低，用餐费用低，人工成本低	—

（三）美式服务规则

（1）食物由厨师在厨房装盘。

（2）用右手从客人的右侧送上所有食物。

（3）用右手从客人的右侧撤盘。

 ## 四、英式服务

（一）英式服务简介

英式服务与欧美家庭用餐方式类似，故又称"家庭式服务"，即服务员先将加温后的空盘放在主人面前，再将装着整块食物的大盘从厨房中拿到餐桌旁并放在主人面前，先由主人亲自动手切肉装盘并配上蔬菜，再由服务员把装好的菜肴依次端送给每一位客人。调味品和配菜都摆放在餐桌上，由客人自取或相互传递。英式服务的家庭气氛很浓，许多服务工作由客人自己动手，用餐节奏较缓慢，多用于雅座餐室、私人宴会或想营造出家庭气氛的简餐餐厅。

（二）英式服务优缺点（表3-2-4）

表3-2-4　英式服务优缺点

优点	缺点
节省人力	缺少个性化服务
客人可以选择用餐分量	一些菜肴可能提前吃完，无法控制食物分量
对服务员的服务技能要求不高	没有烹饪表演和菜肴展示环节

（三）英式服务规则

（1）菜肴在厨房制作好，由服务员用大餐盘端至主人面前，并按客人人数准备好加热过的空盘。

（2）主人亲自动手切割装盘配上配菜。

（3）服务员把已装好盘的菜肴按宾主次序依次端送给每位客人。服务员从客人右侧上菜时，应注意将主菜对准客人，将配菜放在主菜上方。

（4）当主人将菜肴分完后，服务员要把分剩的菜肴重新装盘并清理主人分菜的桌面。

（5）配菜、调味汁和分剩下来的菜肴放在餐桌上由客人自己取用或互相传递。

五、自助式服务

（一）自助式服务简介

法式、俄式、英式和美式服务的方法都是入座就餐，而自助式服务是把事先准备好的食物陈列在食品台上，客人进入餐厅后支付一定的餐费，便可自己动手选择符合自己口味的菜点，然后拿到餐桌上用餐。自助式服务以客人自我服务为主，故又称为自助餐。餐厅服务员的工作主要是餐前布置，餐中撤掉用过的餐具和酒杯，补充餐台上的菜肴，站在自助餐台旁帮助客人装盘，以此控制用餐分量。如果餐厅在短时间里接待大批客人，通常采用简单、快捷、经济实惠的自助式服务。

（二）自助式服务优缺点（表3-2-5）

表3-2-5　自助式服务优缺点

优点	缺点
餐位周转率高、节省人力和开支	缺少个性化服务
菜肴品种丰富	—
客人不用等候上菜	—

（三）自助式服务规则

（1）先摆冷菜，后摆热菜，这样能保证在客人用餐时，热菜还是热的。

（2）成本低的食品摆在自助餐台的首选部位。

（3）以客人自助服务为主。

测试题

 一、单项选择题

服务效率和空间利用率较高、节省人力、大量使用银盘等特点，主要用于西餐宴会的菜肴服务方式是（　　）。

A.法式服务　　　　　B.美式服务　　　　　C.俄式服务　　　　　D.英式服务

 二、简答题

1．简述法式服务的操作要领。

2．简述俄式服务的规则。

3．简述英式服务的优点。

学习任务3　西餐正餐服务

情境导入

某酒店的实习生李晓第一天到西餐厅上班，酒店安排老员工杨师傅指导李晓。

开完班前会，李晓跟着杨师傅来到工作准备间。杨师傅说西餐厅服务要求服务员提供高标准、高规格的服务，更要养成敬业、精益、专注和创新的工作习惯。从餐前准备、餐中服务到餐后服务，都要求我们礼貌、优雅、熟练地完成……

李晓听后，感到非常兴奋、紧张，一边仔细观察杨师傅的每一步操作，一边将其要领记录下来。

分析：高级西餐厅的正餐服务考究，注重情调，节奏慢且价格昂贵，体现了酒店西餐服务的最高水准。我国的酒店通常以美式服务为主，个别菜肴采用法式服务，主要包括餐前准备、餐中服务、餐后服务三项内容。

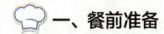

一、餐前准备

餐前准备流程如图 3-3-1 所示。

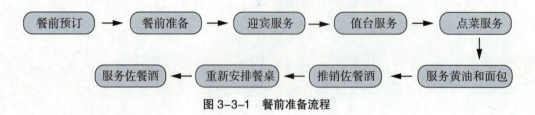

图 3-3-1　餐前准备流程

（一）餐前预订

高级西餐厅因进餐节奏较慢，就餐时间长，特别是晚餐，客人用餐时间为 2 小时左右，餐座周转率很低。所以，为了避免客人到餐厅时等位，客人一般会提前订座以保证餐位。餐厅由迎宾员或领班负责按规范接受客人的电话预订或面谈预订，并记录、安排，摆放留座牌并熟记预订内容，以便准确为客人提供服务。

（二）餐前准备

1. 环境卫生

确保餐厅设施设备完好，音响、照明等一切设备运转正常。保证地面、家具、餐具和棉织品的清洁卫生。

2. 餐台布置

按照餐厅规格布置好餐台，如果客人已提前点菜，则应按照菜单内容配备好餐具，把留座卡放于餐桌上，按照餐厅规范和预订情况摆台（表 3-3-1）。

表 3-3-1　西餐正餐摆台准备工作

步骤		操作要求
摆放餐椅		根据餐厅布局或客人预订要求摆放餐桌和餐椅
铺台布		台布一般需要3层：桌垫、台布和装饰布；要求台布正面朝上，中线与餐台中线吻合，使台布四周下垂均匀
摆放餐具	装饰盘	一般使用精美的装饰盘。要求装饰盘上图案或店徽正面朝上，盘边距离桌边 1～2 cm
	餐具	在装饰盘的右边1cm处摆放餐刀，刀刃朝左，刀柄距离桌边2 cm；餐刀的右边1 cm处摆放汤勺，勺柄距离桌边2 cm；在装饰盘的左边1cm处摆放餐叉，叉柄距离桌边2 cm
	面包盘	在餐叉的左边1 cm处摆放面包盘，在面包盘上右侧1/3处摆放黄油刀
	水杯	将水杯摆放在餐刀上方1 cm处
	餐巾	选用一种盘花进行摆台，折叠好后放在装饰盘上
	其他	花瓶放在桌子中央，花瓶前摆胡椒盅、盐瓶，左盐右椒，椒、盐瓶前面放牙签筒；将桌垫摆在桌子正中央，摆放完毕之后，应检查餐具是否摆放规范，有无遗漏

3.调味品、饮品准备

准备好调味品，如芥末、胡椒盅、盐瓶、柠檬角、辣椒汁、番茄酱、奶酪粉和各种色拉酱等。同时，还要准备好冰水，并做好煮咖啡和泡红茶的准备工作。

4.服务用具准备

准备和检查菜单、点菜单、托盘、服务手推车、保温盖和笔等。

5.班前会

通常在开餐前半小时由餐厅经理召集，内容为检查员工仪容仪表、进行任务分工、介绍当日特色菜肴和客情，以及强调 VIP 客人接待的注意事项等。

（三）迎宾服务

由西餐厅迎宾员或餐厅经理按规范迎宾引客就座。

1.了解预订，热情引领

询问客人是否预订了，若已预订，迎宾员或经理根据提前掌握预订情况或即时得知的预订信息把客人引领至对应的就餐区域；若无预订，则征询客人意见并为其领位。

2.拉椅让座，女士优先

为客人拉椅，顺序是女士、重要客人、一般客人、主人。

3.呈递菜单，每人一份

为每位客人呈递菜单，按先女后男或先宾后主的次序进行。呈递时，要打开菜单的第一页，然后略退后，给客人看菜单的时间。

4.介绍服务员，祝客人用餐愉快

到达用餐位置后，应先征询客人意见，客人对用餐位置表示满意后，协助服务员帮助客人落座。向客人介绍服务员，祝客人用餐愉快，后退两小步后转身离开。

（四）值台服务

1.微笑问候，帮助拉椅

面向客人，面带微笑，礼貌向客人问候，按照女士优先的原则拉椅请客人入座。在客人即将落座时，双手扶推椅背两侧，右膝盖协助定位拉椅送椅。

2.介绍餐前酒水，上热毛巾

打开酒水单，在客人右侧，用右手呈递给客人，并留有充足的时间让客人考虑，为客人送上热毛巾。

3.斟倒冰水，递铺餐巾

递铺餐巾按照女士优先的原则，在客人右侧递铺餐巾，右手在前，左手在后，将餐巾对折成三角形或长方形，轻轻铺在客人双膝上。

4. 女士优先，服务餐前酒水

向客人展示所点酒水，按照女士优先原则进行服务。

（五）点菜服务

西餐是分食制，每位客人所点的菜都可能不同，因此，应用座位示意图记录每位客人所点的菜肴；根据示意图写好正式点菜单送入厨房，以便控制节奏和上菜顺序。

1. 呈递菜单，女士优先

打开菜单，在客人右侧，用右手送至客人手中。

2. 征客同意，开始点菜

得到客人首肯后，从女宾开始依次点菜，最后为主人点菜。

3. 推荐菜肴，提供建议

服务员向客人推荐菜肴及当日特色菜，为客人提供信息和建议。询问客人有无特殊需求，如生熟程度、口味、配菜调料、上菜时间等。

4. 记录内容，菜单编号

分别记下不同客人所点的菜肴，可以为点菜单编号，避免发生混淆。

5. 复述确认，礼貌致谢

复述客人所点菜肴的内容，再次确认。得到客人认可后，礼貌致谢，收回菜单，将点菜单送入厨房和收银台。

（六）服务黄油和面包

客人点完菜后，服务员按女士优先原则，依次在客人左侧先摆上黄油，再在面包盘里分派面包或用面包篮呈上各款面包。

（七）推销佐餐酒

西餐对酒水与菜肴的搭配是十分讲究的，由领班或酒吧服务员，呈递葡萄酒单给客人，并根据客人所点菜肴，推销与其搭配佐餐酒（表3-3-2）。

1. 呈递酒单，推销佐餐酒

打开酒单，在客人右侧呈递酒单，推介时要礼貌、自信。给客人充分的时间考虑，客人接受推介建议时要礼貌致谢。

2. 复述酒单，及时送单

重复客人所点内容，做好记录并及时送单。

3. 展示酒品，服务酒水

酒标面向客人，并请客人品评酒质，待客人确认后，按照女士优先的原则提供酒水服务。

表 3-3-2　西餐菜肴与酒水的搭配

西餐菜肴	酒水搭配
头盘	低度、干白葡萄酒
汤类	一般不配酒，也可以配雪利酒或马德拉酒
副菜	干白葡萄酒、玫瑰露葡萄酒、低度干红葡萄酒
主菜	①海鲜类用酒精度12% vol～14% vol无甜味的干白葡萄酒； ②小牛肉、鸡肉等白色肉类用酒精度11% vol～13% vol的干红葡萄酒； ③牛肉、羊肉和火鸡等红色肉类用酒精度13% vol以上的红葡萄酒
奶酪	甜葡萄酒或继续使用主菜所用的酒
甜品	甜葡萄酒或气泡酒
餐后酒	甜食酒、白兰地、利口酒、鸡尾酒

（八）重新安排餐桌

在西餐中，不同菜肴搭配的餐具也不尽相同。因此服务员需根据订单和示意图，为每位客人按照点菜内容和上菜顺序摆换餐具。最先食用的菜肴使用的餐具放在最外侧，其余餐具根据菜肴内容和服务顺序依次向中央摆放。

（九）服务佐餐酒

（1）根据客人所点的佐餐酒为其提供规范服务。

（2）所点白葡萄酒、玫瑰露酒和气泡酒应冰镇，红葡萄酒应用酒篮装。

（3）盛放酒水时，应使商标朝上，面向客人。

（4）展示酒标，当众开瓶，请客人品评酒质，待得到认可后，依照先女士、后男士的顺序为客人斟倒。

（5）根据佐餐酒与菜肴搭配规律，一般先饮白葡萄酒，而红葡萄酒则在搭配主菜时饮用。

 ## 二、餐中服务

就餐服务流程如图 3-3-2 所示。

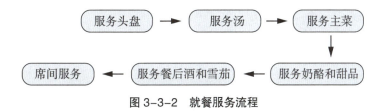

图 3-3-2　就餐服务流程

（一）服务头盘

根据订单和座位示意图，按餐厅规范提供菜肴服务。零点餐厅一般采用美式服务。服务员从客人的右侧送上菜肴并报菜名。

（二）服务汤

（1）服务员注意观察客人用餐，等客人用完头盘后，征求客人意见撤盘，在客人右侧徒手撤下头盘刀和头盘叉。

（2）服务员根据点菜示意图，服务第二道菜，并报菜名。可为汤盅垫用餐巾折的荷花，既美观又可保温。所搭配的调味汁一律从客人左侧送上。

（3）待客人将第二道菜用完后，将餐具连同装饰盘一起撤下，餐位上只留下用主菜的餐具、面包盘、黄油碟、黄油刀、甜品叉（勺）和装有酒水的杯具。

（三）服务主菜

西餐服务中的主菜服务主要包括鱼类菜肴和肉类菜肴。

1. 上鱼类菜肴

上菜前先，应斟好白葡萄酒，再为客人从右侧上鱼类菜肴。若提供整条鱼切割服务，应询问客人是否需要剔骨。当客人吃完鱼类菜肴后，便可从其右侧撤下鱼盘及鱼刀、鱼叉。

2. 上肉类菜肴

肉类菜肴一般盛放在大菜盘中由值台员为客人分派，并配有蔬菜和沙司，有时还配有色拉。上菜前，应先前斟好红葡萄酒，并视情况为客人补充面包和黄油。肉类菜肴的服务程序如下：

（1）从客人右侧撤下装饰盘，摆上餐盘。

（2）值台员托着菜盘从右侧为客人分派主菜和蔬菜。给菜肴装盘时要注意布局，一般将蔬菜配菜放在主菜上方，汁酱不挂盘边。服务员从客人右侧上菜并报菜名，牛、羊排应告知几成熟；放盘时主菜靠近客人，配菜在上方靠近桌心方向。

（3）另一名值台员随后从左侧为客人分派沙司。

（4）如配有色拉，可用木碗或小碟盛放，服务员应从左侧为客人依次送上，摆放在主菜盘的左上方。

（5）待客人开始吃主菜后，值台员应礼貌地询问客人对主菜的意见。当客人表示满意后，方可礼貌离去。如客人有不满，则应及时反馈至厨房处理。

（6）当客人全部用完主菜后，依次撤走主菜盘和刀叉，用面包滚或服务巾和面包碟将桌上面包屑清扫干净。

（四）服务奶酪和甜点

西餐甜品包括奶酪、甜点、水果等。一般上在上甜点之前应先请客人先点奶酪。

（1）展示放有各式奶酪的展示木板或手推车，将客人所点的奶酪当场切割装盘并摆位。服务时配胡椒、盐瓶，黄油、面包、冰镇蔬菜。

（2）待客人用完奶酪后，用托盘撤下用过的餐具、面包盘、黄油盅、胡椒盅和盐瓶等，只留下甜品叉勺及有酒水的杯子、烟灰缸、花瓶和烛台等。

（3）展示甜品车或甜品单，请客人选择。随后摆好相应的甜品餐具，从客人右侧送上甜品。

（4）若客人不用奶酪，则直接服务甜品。个别甜品（如苏珊特饼和火焰草莓等）可以在客人面前表演。

（5）在服务水果时，要为客人提供洗手盅。

（五）服务咖啡或茶

客人用完甜点后，服务员询问喝咖啡还是茶。

（1）根据客人需要送上糖缸、奶壶或柠檬片，摆放咖啡具或茶具。

（2）服务员用托盘撤下用完的甜品餐具，并将咖啡杯或茶杯移至客人面前，再用咖啡壶或茶壶为客人斟倒2/3杯量的咖啡或茶，并随时添加。

（六）服务餐后酒和雪茄

（1）展示餐后酒车，询问主人是否用餐后酒，如利口酒、白兰地或雪茄酒。

（2）为客人斟倒餐后酒，开列订单。

（3）如果客人选了雪茄，服务员应帮助客人点燃。

（七）席间服务

席间服务工作始终贯穿整个用餐过程。

（1）撤下空的饮料杯和用餐完毕的餐具。

（2）在吸烟区帮助客人点烟和随时撤换烟灰缸。

（3）添加冰水和佐餐酒。

（4）添加黄油和面包。

（5）客人席间离座和回座时，帮忙拉椅和递铺餐巾。

 三、餐后服务

餐后服务流程如图3-3-3所示。

图3-3-3 餐后服务流程

（一）结账服务

（1）客人用完餐，准备账单，当客人示意结账时，按规范办理结账手续。

（2）西餐厅有些客人要求分单结账，因此，在点菜时和服务过程中，应准确记录每位客人的点单内容，以便迅速和准确地为各位客人办理结账手续。

（3）真诚向客人致谢。

（4）如果客人结账完毕后未离开而是继续交谈，服务员应继续提供服务，为客人添加茶水。

（二）热情送客

（1）客人起身离座时，服务员要帮助拉椅子、穿外套，并提醒客人带好自己的物品，礼貌致谢并欢迎再次光临。

（2）送客人至餐厅大门，鞠躬道"再见"，同时帮客人开门。

（三）后续工作

（1）整理餐椅，清点餐巾；同时，检查有无客人遗留物品。

（2）用托盘、干净的抹布清理台面。

（3）重新摆台，迎接下一桌客人的到来，或做好餐厅结束营业的准备工作。

测试题

 一、单项单选题

1. 在西餐正餐服务过程中，下列服务顺序正确的是（　　）。

A. 服务佐餐酒、服务头盘、服务汤、服务鱼类、服务主菜

B. 服务头盘、服务佐餐酒、服务汤、服务主菜、服务鱼类

C. 服务头盘、服务佐餐酒、服务鱼类、服务汤、服务鱼类

D. 服务汤、服务头盘、服务佐餐酒、服务主菜、服务鱼类

2. 服务主菜时跟配的沙拉应摆放在主菜盘的（　　）。

A. 左上方　　　　　　B. 右上方　　　　　　C. 左下方　　　　　　D. 正下方

3. 以下哪种不是常与西餐搭配的餐后酒？（　　）。

A. 甜食酒　　　　　　B. 白兰地酒　　　　　C. 利口酒　　　　　　D. 干红葡萄酒

4. 西餐正餐餐台准备摆台时，装饰盘、餐刀叉，距离桌边距离是（　　）cm。

A. 1　　　　　　　　B. 1.5　　　　　　　　C. 2　　　　　　　　D. 2.5

5. 在为客人点菜时，应从（　　）位置开始点菜。

A. 男主人　　　　　　B. 女主人　　　　　　C. 男宾　　　　　　　D. 女宾

6. 服务黄油、调味汁时，应从客人（　　）送上。

A. 右侧　　　　　　　B. 左侧　　　　　　　C. 中间　　　　　　　D. 任何位置

7. 搭配主菜时，可以使用（　　）葡萄酒。

A. 甜食酒　　　　　　B. 干白　　　　　　　C. 低度　　　　　　　D. 干红

8. 重新安排餐桌时，最先使用的的餐具放在（　　）。

A. 最外侧　　　　　　B. 里面　　　　　　　C. 左手边　　　　　　D. 右手边

9. 服务甜品时，应从客人（　　）送上。

A. 右侧　　　　　　　B. 左侧　　　　　　　C. 中间　　　　　　　D. 任何位置

二、论述题

请同学们讨论：某天晚上，一位外国客人在点完餐后，坐在自己的位置上边喝饮料边等菜，结果李晓上菜时不小心将汤汁洒到客人的衣服上，这让客人十分生气。假设你是李晓，应该如何处理这种突发状况？

学习任务4　西餐自助餐服务

情境导入

Y饭店的实习生李晓在西餐厅已经熟悉了正餐服务程序。今天杨师傅告诉李晓，3天后酒店要接待一个团队的自助餐，借此机会可以学一下自助餐的服务流程。李晓非常兴奋地跟着杨师傅走进了自助餐的工作区域……

分析：自助餐是当前比较流行的一种服务方式，为客人提供各种食品及相应的餐具，由客人自己选择食品进餐的一种用餐形式。其接待对象主要是零散客人或团体客人，品种丰富、节省用餐时间。自助餐服务程序可以分为餐前准备、餐中服务和餐后服务。

 一、西餐自助餐概述

（一）自助餐台设计

自助餐台也叫食品陈列台，可以安排在餐厅中央、靠墙或餐厅角落；可以摆成完整的大台或由一个主台和几个小台组成。自助餐厅的食品台往往都精心设计，要求与餐厅整体布局相呼应，可以用大理石砌成固定食品台或用餐台搭成，要遵循如下原则。

1. 亮眼美观

自助餐台要布置在餐厅显眼的位置，灯光直射，使客人进入餐厅就能看见。食品摆放要有立体感，色彩搭配合理，装饰美观大方。

2. 便利客人

自助餐食品台摆设的高度和空间要方便取用，靠近厨房，方便厨师加菜和服务工作；同时，照顾客人取菜的习惯流向，避免造成拥挤、堵塞。

3. 注重装饰

自助餐台设计应有层次性和立体性，给人以错落有致的感觉。自助餐台应与餐厅主题交相辉映，可以摆设雕塑、冰雕及工艺品并使用背景音乐、灯光等美化食品台，突出餐厅主题，烘托气氛，突出饮食文化特色。

（二）食品台布置

食品台台面布置要求立体感强、方便取菜和主题鲜明。

（1）客人取菜用的餐盘摆放在取菜流向的开始处，即自助餐台最前端，一般二十个为一叠，码放整齐，不要堆得太高。

（2）冷菜用冷盘盛放，热菜用保温锅盛放，客人取菜时由服务员揭开盖子或客人自揭保温锅盖取菜。

（3）以色拉、开胃菜、汤、热菜、烤肉、甜点和水果等常规取用习惯为顺序摆放菜品，可以将冷菜、热菜和甜点分开设台或集中摆放。对于特色菜肴和成本较高的菜品还可以单独陈列，为客人现场烹制、切割或分派等，体现出服务的特别之处。

（4）摆放菜肴时注意色形搭配、有立体感、美观诱人。每样菜品都要摆放取菜的公共用具、中英文对照的菜牌和配菜用的调味品。

（5）食品台中央最高处、背景处或醒目位置还可以摆放雕塑、冰雕、工艺品和装饰物来点缀、烘托气氛。

（三）餐桌摆台

自助餐厅通常设座位，其台面可以按零点餐厅摆放。座式餐台主要摆放用具有：

（1）冷菜用具：头盘刀和头盘叉。

（2）热菜用具：汤勺、餐刀和餐叉。

（3）甜点用具：甜品叉和甜品勺。

（4）其他用具：面包盘、黄油刀、餐巾、冰水杯，胡椒瓶、盐瓶和花瓶等。

二、自助餐厅服务流程

自助餐厅服务流程如图3-4-1所示。

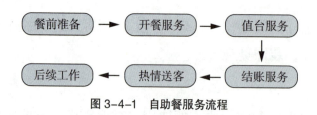

图3-4-1　自助餐服务流程

（一）餐前准备

（1）按要求着装，按时到岗，检查仪容仪表。

（2）按要求和规范做好环境卫生。

（3）擦拭和检查各类餐具和器具，放入自助餐台及备餐柜内。

（4）备足开餐时所需的调味品。

（5）装饰布置自助餐台。

（6）按规范摆放食品和摆台，做好对所需保温（或加热）菜肴准备工作（电加热保温炉需提前打开开关，酒精加热需备好酒精罐）。

（7）餐前会明确服务要求。

（8）以站立的姿态恭候客人光临。

（9）领班、主管做餐前的最后检查工作。

（二）就餐服务

1. 开餐服务

（1）主动问候、引领客人，拉椅让座。

（2）询问客人喝何种酒水。有些自助餐厅餐费含规定的软饮料，如果想喝自助餐规定价格以外的酒水，则需另付费；有些自助餐厅餐费不含任何饮料。

（3）开单取饮料，提供酒水服务。

（4）指示客人取菜，遇行动不便的客人时，征求意见后，为其取食物。

（5）巡视服务区域，随时为客人提供服务（如添加酒水，撤换空盘、空瓶，送餐巾纸等）。

（6）客人用完甜点后，服务员询问是否需要咖啡或茶，并及时服务。

2. 值台服务

一般由固定的服务员或厨师负责食品台。

（1）保持台面清洁卫生。

（2）不断补充食物，保证用餐过程中食物不短缺。一般少于总量的 1/2 时就要补充，以免后面的客人觉得菜肴不丰富。

（3）检查食物的温度，保证热菜要烫、冷菜要凉。

（4）介绍并推荐菜肴，回答客人的提问。

（5）帮助客人取递食物，分切大块烤肉或现场烹制等。

（三）餐后服务

1. 结账服务

一般社会自助餐厅实行客人进餐厅先付费的制度。饮料含在餐费里，如用规定以外的酒水应现付或最后付费。旅游酒店通常是等客人用完餐后再付费，等客人示意结账后，迅速准备账单，并按规范替客人办理结账手续。

2. 热情送客

客人离座，迅速帮助拉开椅子，提醒其带好随身物品，并礼貌致谢，欢迎下次光临。

3.后续工作

（1）将食品台上的食物整理好，撤回厨房。

（2）用托盘撤走自助餐食品台的瓷器、服务用具、装饰布、标牌等，并妥善保存装饰品。打扫自助餐台的卫生。

（3）清理餐桌，换上台布，重新摆台。

（4）清洁卫生，检查是否有客人遗留物品。

（5）关灯、关空调、关闭门窗等，做好收尾工作。

自助餐的由来

测试题

 一、单项选择题

1.在下列选项中，（　　）属于自助餐的就餐服务内容。

A.装饰布置自助餐台　　B.介绍推荐菜肴　　C.提供结账服务　　D.提醒带好随身物品

2.西餐厅自助餐服务员在值台服务时，要留心观察，当发现菜品少于总量的（　　）时就要补充，以免后面的客人觉得菜肴不丰富。

A.1/2　　　　　　　　B.1/3　　　　　　　　C.1/4　　　　　　　　D.1/5

3.下列选项中不属于自助餐的餐后服务内容的是（　　）。

A.热情送客　　　　　　B.结账服务　　　　　　C.后续工作　　　　　　D.开餐服务

 二、简答题

1.李晓是西餐厅自助餐的服务员，请简述李晓在自助餐结束后的工作有哪些。

2.如果你是一名西餐厅自助餐服务员，应如何为客人提供开餐服务？

学习任务5　客房送餐服务

情境导入

在××五星级酒店客房内，李先生在服务生报菜名时发现厨房送错了餐，自己明明点的西冷牛排，送来的却是菲力牛排，经询问才知晓原来是点餐员忘记跟客人确认菜单，所以导致下错了单。餐厅经理了解事情经过之后，向客人表示歉意，并且为客人更换菜品。

分析：点餐员的工作看似简单，实则需要细心负责，稍微不注意，就会出现失误，给餐厅造成损失。

客房送餐服务是餐饮服务的重要组成部分，主要为住店客人提供送餐到房的服务，满足客人在房内用餐的需求。涵盖了服务人员从接受预订、餐前准备、核对检查、送餐服务、房内用餐服务、结账、道别以及收餐的各个工作环节。客房送餐工作既可以面对面沟通，又可以通过电话沟通。因此，服务人员需要具备全面的服务技能，才能为客人提供更好的服务体验。

一、接受预订

接受预订服务是指在进行送餐服务之前，需要客人通过提前预订的方式点餐下单，再由送餐员进行送餐服务。接受预订的方式主要有两种：早餐卡预订和电话订餐。

（一）早餐卡预订程序

早餐卡预订一般以预订早餐为主，是指客人提前在酒店客房准备好的早餐卡上选择自己所需食品与饮品，填好之后，将餐卡挂在门外的锁柄上。

（1）送餐部会在凌晨1:00派夜班服务员到楼层收取订单，凌晨4:00还会再收集一次。

（2）收集门把手菜单时要注意先核对好房号，再按由小到大的顺序排列。

（3）收集完毕后，可按照房号从大到小的顺序，进行巡房，查看是否有遗漏。

（4）若无遗漏，便可将订餐信息输入电脑，打印出账单并交给当天值班领班。

（二）电话订餐程序

（1）在接受客人预订前，订餐员应在电话铃响三声之内接起电话，并按照服务规范礼貌地向客人问好，如"早上好/中午好/晚上好，客房送餐，有什么可以帮您？"

（2）接受客人预订时，需问清客人的房号、订餐内容、送餐时间、用餐人数以及特殊要求等。若餐厅无法提供客人所点的菜品时，应礼貌告知客人并向客人致歉，可根据客人需求，适当向客人推荐相似菜品。

（3）接受客人预订后，需向客人重复其具体要求和订餐内容，得到客人确认后，告诉其等候时间并向客人表示感谢。

（4）订餐员要在客人挂上电话后，方可放下听筒，挂断电话。

二、送餐服务流程

送餐服务是指从进行餐前准备到收餐服务的整个服务过程。服务内容包括日常送餐服务和特殊服务两部分。日常送餐服务是指为客人提供早餐、正餐（午餐、晚餐）以及点心服务。特殊服务分为三个方面，包括总经理赠送酒店VIP客人的花篮、水果篮、卡片等；酒店送给VIP客人的生日礼物和节日期间酒店送给全部或部分客人的礼品。

（一）餐前准备

在接受客人预订之后，送餐员需要进行送餐前的准备工作，因为充分的餐前准备工作可以为客人提供更好的就餐体验。

（1）准备送餐用具。

（2）根据客人订餐的种类和数量，按照规范布置托盘和送餐车。

（3）备好账单，取客人所订的食品饮料。

（4）送餐服务员检查自己的仪容仪表。

（二）检查核对

检查核对是送餐前必备环节，此环节可以避免由于工作人员失误而产生的客人投诉事件。因此，作为餐厅主管或领班，需要在送餐前对送餐员的准备工作按照规定进行检查、核对。

（1）送餐前，当日值班主管或领班应认真核对每一餐的菜品、酒水与订单是否相符，检查菜肴点心的质量是否标准。其中，食品、饮品需加盖，确保卫生；热菜用保温箱盛载，保温箱置于送餐车台面下架上，切实保障食品的质量和卫生安全。

（2）检查餐具、布件以及调味品是否按照规定摆放在指定位置，是否洁净，有无破损。

（3）检查从接受订餐、备餐至送餐的时间是否符合标准或是否在客人要求的时间内。

（4）检查送餐员的仪容仪表，发型、面部、手部等是否符合送餐要求。

（三）送餐服务

餐厅主管或领班检查核对无误后，送餐员进行送餐服务，主要是指从餐厅到客人房间的过程，此过程需要送餐员按照既定线路将菜品安全、准确地送到客人面前，并运用礼貌用语向客人问候。

（1）送餐员要按照规定好的路线进行送餐服务，在送餐过程中要保持送餐用具的平稳，避免食品或饮品从容器中溢出，保证将餐品快捷、安全地送到客人房间。

（2）当送餐员使用送餐车进出电梯时，注意脚下，避免发生电梯卡住车轮等现象。

（3）当送餐员送餐到房间门口时，请先核对房号，待核对无误后，按门铃或敲门，并礼貌地说："Room Service！客房送餐。"接下来，离房门约一步距离站立，等待客人开门。

（四）房内用餐服务

房内用餐服务主要是指送餐员将菜品从房外转移到房内的过程，并按照客人要求安排用餐位置，为客人提供优质的用餐服务。

（1）客人开门后，服务员应微笑着向客人问好，并询问"您好，送餐服务，请问方便进来吗？"待客人允许进房后，致谢并进入客人房间。

（2）进入房间后，礼貌地征求客人的用餐位置，如"您好，请问您是方便在用餐车上用餐还是在茶几上用餐？"。

（3）按照客人的要求安排用餐位置，依据订餐类型和相应规范进行客房内的用餐服务。

①如果使用托盘送餐，礼貌地征求客人意见后即可把托盘放在恰当的位置。

②如果使用送餐车送餐，礼貌地征求客人意见后，把推车放在合适的位置，将餐车两翼打开，布置好桌面，踩下刹车，避免在客人用餐时出现意外。将食品从保温箱中取出并应防止外溢，按照标准规格放置好餐具。最后，打开保温盖，为客人介绍菜品，如有酒水，在询问客人意见后，方可开启。

③最后询问客人是否有其他需要。如果客人还有其他需要，应尽量满足。

（五）结账

结账服务，是指将菜品送达房间后需要向客人询问结账方式，根据客人不同的结账方式提供不同的结账服务。

送餐员应将账单双手递给客人，请客人确认签字。客人签完字后，向客人致谢，如"您好，先生/女士，这是您的账单，请您确认签字，谢谢。"

送餐员需根据客人不同的结账方式，按照对应的程序和标准为客人提供相应的结账服务，如"请问您方便用什么方式买单呢？签房账还是付现款？"

（1）如果客人选择签房账，应查看客人房卡，核对客人姓名以及房号，确保准确无误。

（2）如果客人选择付现款，可以询问付款方式，并根据不同的付款方式，依据标准服务程序为客服务，待付款完毕，询问客人是否需要开具发票。

（六）道别

恭祝客人用餐愉快；礼貌提示客人，若用餐后需要送餐员收餐具，请拨打客房送餐部的电话；若客人无其他要求，送餐员可以离开房间，在离开房间时，应面朝客人退步走，轻轻关上房门。

三、收餐

客人用餐完毕后，送餐员应做好收餐工作，也是送餐服务的后续服务。

（1）订餐员检查订餐记录，若收餐时间到，客人仍未来电，可礼貌地打电话到房间问询（早餐为30分钟后打电话收餐；午、晚餐为60分钟后打电话收餐）。

（2）致电给客人，称呼客人并介绍自己，询问客人是否用餐完毕，能否到房间收餐。例如："您好，这里是送餐部，请问您是否已经用餐结束，需要服务员现在去收餐吗？"如果客人需要收餐，则通知送餐员到客房收餐。

（3）送餐员去客房收餐会有两种情况，处理方式分别如下：

①客人不在房间，送餐员请客房服务员开门，及时将餐车、餐具等取出。在收取餐时，要仔细检查是否有客人的物品混入其中。

②客人在房间，礼貌进入房间，迅速整理好餐盘和餐车。待收餐完毕，征询客人的用餐感受以及是否还有其他要求，如果没有，礼貌地向客人致谢并道别。

（4）送餐员收餐完毕应立刻通知订餐员，让其做好详细记录。

送房菜单和水果赠
送标准参考

测试题

 一、选择题

1.送餐员在为客人提供客房送餐服务时，下列做法正确的是（　　）。

A. 6：00 收取早餐门把手菜单

B. 按房号由大到小顺序收集门把手菜单

C. 进房后将餐车摆放在客人要求的位置

D. 早餐送餐完成 60 分钟后打电话询问客人能否收餐

2.以下服务程序中不属于送餐的是（　　）。

A. 接受预订　　　　　B. 检查核对　　　　　C. 结账　　　　　D. 房内用餐服务

3.关于客房送餐服务，下列做法正确的是（　　）。

A. 按房间由大到小的顺序收集、排列门把手菜单

B. 送餐后，无需提醒客人用餐完毕后可打送餐部电话进行收餐服务

C. 晚餐送餐后 60 分钟电话询问客人能否收餐具

D. 所有客房订餐都由领班和服务员一起送餐进房

 二、简答题

1.酒店餐厅服务员需要为客人提供送餐服务，请写出房内用餐的服务流程。

2.简述客房送餐服务流程。

 三、案例分析

订餐员小李在上夜班的时候接到 1207 房间王先生的点餐电话。王先生本来想点阳春面，但是小李告诉客人晚上没有阳春面，只有西餐，就给客人推荐西餐，于是客人就说要一个汉堡，就把电话挂断了。这个时候，客人服务中心员工看到菜单上只有牛肉汉堡，于是就自作主张给客人点了一个牛肉汉堡，但是等送餐员把餐送到房间的时候，客人说他不吃牛肉，便投诉了送餐员。

请分析订餐员小李在电话订餐服务程序中的不当之处，并说明如何改正。

主题4　宴会服务

主题概览

　　宴会服务包括宴会的分类、中餐宴会服务、西餐宴会服务三大任务。学生通过了解宴会的种类及其特点，可以熟悉宴会的准备工作，掌握宴会服务的程序与标准，具备为客人提供优质服务的能力，形成细心周密的服务意识，养成爱岗敬业的职业素养。

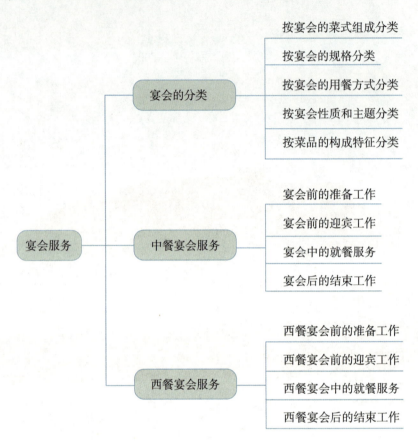

知识目标

1. 了解宴会的种类及特点；

2. 熟悉宴会准备工作；

3. 熟悉宴会的预订程序；

4. 掌握不同宴会的台型及餐台布置；

5. 掌握宴会服务知识。

能力目标

1. 能够根据客人要求明确判断出宴会的种类；

2. 能够按照正确的流程为客人提供规范化的服务。

素质目标

1. 强化规范意识，重视团队协作，磨砺吃苦耐劳的意志力，铸就工匠精神；

2. 了解中华饮食文化，培育职业道德、劳模精神；

3. 弘扬爱国精神，培养家国情怀，增强文化自信。

学习任务1　宴会的分类

情境导入

某星级酒店宴会部小萧接到 M 公司的预订电话，称该公司将于某年 5 月 26 日晚在该酒店宴会厅为公司周年庆典举行晚宴，参会人数为 360 人。由于人多、规格高，该酒店宴会部上至经理，下至服务人员根据宴会主题，从环境布置、调整音响、调整台型及布置餐台等方面进行筹备，终在宴会前 1 小时所有工作准备就绪。当晚，M 公司周年庆典晚宴顺利进行，井然有序。

分析：宴会部的工作，首先要明确宴会主题、分类及特点，方能有针对性地提供优质的服务。

宴会是社交和饮食结合的一种高级群体用餐形式，人们的社会交往需要决定了宴会的本质属性。宴会又称燕会、筵席、筵宴或酒会，是政府、社会团体、企事业单位或个人为了表示欢迎、答谢、祝贺、喜庆等社交目的而举行的一种隆重的、正式的餐饮活动。《说文解字》中记录："宴"，安也，其本义是"安逸、安闲、安乐"，引申为宴乐、宴享、宴会；"会"的本义是聚合、集合，在宴会中衍化为"众人参加的宴饮活动"。根据接待规格、礼仪程序和服务方式，宴会既不同于零点餐饮，又有别于普通的聚餐，具有聚餐式、计划性、规格化、社交性及礼仪性五个鲜明特征。

现代宴会是高级别的餐饮形式，也是餐饮文化综合的表现形式。与零点餐饮活动相比，宴会服务的规模、菜式、礼仪规格、服务方式等对酒店的组织管理都提出了更高的要求，直接体现酒店的服务质量水平和综合管理水平。因此，每个酒店都非常重视宴会的促销和服务管理，尽量满足客人提出的要求，为他们提供尽善尽美的服务。

从不同角度分类，宴会有以下的种类及特点。

一、按宴会的菜式组成分类

（一）中式宴会

中式宴会是以传统中国菜肴和中国酒水为主，使用中式餐具，遵循中国的传统饮食风俗，一般采用合餐制，使用圆桌，重大政府宴会主色系以传统的中国红、黄为主。

餐厅环境气氛、台面设计、餐具用品及服务礼仪和程序无不体现中华民族的传统饮食文化特色。

（二）西式宴会

西式宴会是按照西方国家的服务礼仪习惯举办的宴会。其特点是遵循西方国家的饮食习惯，采取分食制，以西式菜肴为主，用西式餐具，讲究酒水与菜肴的搭配。

环境布局、厅堂风格、台面设计和餐具用品等均突出西洋格调、西式服务程序和礼仪。

（三）中西合璧宴会

中西合璧宴会是中式宴会和西式宴会相结合的宴会形式，是中、西饮食文化交流的产物。这种宴会形式取两种宴会之长，在大型宴会特别是接待外宾宴会中运用较多。宴会菜品既有中餐菜肴又有西餐菜肴，酒水既有中餐酒水也有西餐酒水，所用餐具中既有中餐的筷子、勺子，也有西餐的各式刀、叉。

装饰布局、台面布置及服务应根据中西菜品而定。

 二、按宴会的规格分类

（一）国宴

国宴是国家元首或政府首脑为国家庆典或为欢迎外国元首、政府首脑举行的宴会。这种宴会政治性强，规格最高，也最为隆重。

国宴厅内悬挂国旗，菜单和席位卡上均印有国徽，席间安排乐队演奏国歌及席间乐，国家元首、政府首脑要致辞或祝酒。国宴出席者身份高，礼仪场面隆重，服务规格高，宴会厅布置体现庄重、热烈的气氛。菜点以热菜为主，兼有一定数量的冷盘。

（二）正式宴会

正式宴会是在正式场合举行的宴会，通常是政府和群众团体等有关部门为欢迎应邀来访的客人或来访的客人为答谢东道主的款待而举行的宴会。

正式宴会除不挂国旗、不奏国歌外，其余安排与国宴的大体相同。其特点是菜品规格高，要求提供高质量的服务，有时还要安排乐队奏席间乐，宾主座次席位的安排要求严谨。正式宴会场景布置设计美观大方，气氛隆重，礼仪及服务程序讲究。

（三）便宴

便宴即非正式宴会，常见的形式有早宴、午宴、晚宴及家宴。

这类宴会形式简便，不拘规格、礼仪，可以不安排座位，不做正式讲话，菜肴数量可根据情况酌减，多用于招待亲朋好友、生意上的伙伴等。便宴可以没有明确的主题和重要的背景，只要席间气氛亲切、随意，参加宴会者心情舒畅即可。

 ## 三、按宴会的用餐方式分类

（一）冷餐宴会

冷餐宴会多为政府部门或企业举行人数众多的盛大庆祝会、欢迎会、开业闭幕典礼、产品推销展览会等活动所采用。

冷餐宴会举办时间一般为下午或晚上。其特点是以冷餐形式为主，菜品以中西式冷食为主，热菜、点心、水果为辅，菜肴提前摆在餐台上，供客人自取，而客人可自由走动，多次取食；酒水可陈放在酒水台上，亦可由服务员端送。台型设计多样，不排席位，可根据参加人数设餐台和酒台。宾主之间广泛交际，自由交谈。冷餐会举办地点选择范围大，既可在室内也可在户外举行，可设小桌、椅子，客人可自由入座；也可不设座位，站立进餐。

（二）鸡尾酒会

鸡尾酒会以酒水为主，略备小吃食品，如三明治、点心、小串烧、炸薯片等，客人用牙签取食。鸡尾酒和小吃由服务员用托盘端上，或放置在小桌上。立式就餐，形式较轻松，客人来去自由，不受约束。一般不设座位，没有主宾席，客人可随意走动，便于广泛接触交谈。

酒会举行的时间较为灵活，中午、下午、晚上均可，可用于举办记者招待会、新闻发布会、签字仪式，也可作为举行庆功宴会、国宾宴会及大型中、西式宴会的前奏活动。

（三）茶话会

茶话会是社会团体或单位举办的一种以茶点为主进行纪念、庆祝或答谢的宴请形式，通常设在会议室或会客厅。

一般备有茶、点心和各种各样的风味小吃、水果等。茶话会所用的茶叶、茶具要因时、因事、因地、因人而异，也可在席间安排一些文艺节目助兴，招待形式简便，气氛轻松愉快。

 ## 四、按宴会性质和主题分类

（一）国宴

国宴是国家元首或政府首脑为国家庆典及其他国际或国内重大活动，或为欢迎外国元首、政府首脑来访举办的正式宴会。规格最高，也最为隆重，一般在宴会厅内悬挂国旗，设乐队，演奏国歌，席间致辞，在菜单和席次卡上印有国徽。

座次按照礼宾次序排列，宴会台面和菜品设计体现中国特色的同时，还应考虑外宾的宗教信仰和风俗习惯。

（二）公务宴会

公务宴会是政府部门、事业单位、社会团体以及其他非营利性机构或组织因交流合作、庆典庆功、祝贺纪念等重大公务事项接待国内外客人而举行的宴席。

公务宴会的特点是宴请环境紧扣公务活动主题，礼貌礼节方面应尽量遵循国际礼仪，注重环境设计。宴请的程序和规格相对固定，要符合机关单位的相应规定，且宴请规格对等。

（三）商务宴会

商务宴会是各类企业、营利性机构或组织为了一定的商务目的而举行的宴席。

商务宴会的宴请目的非常广泛，宴请形式多样，可根据客人需求灵活安排。安排时，一定要注意了解宴请双方的共同偏好和要求，掌握好宴席的设计与布置要点，控制好整体服务过程中的服务节奏与气氛，为宴请双方的商务合作奠定基础。

（四）亲情宴会

亲情宴会主要是指以体现个体与个体之间情感交流为主题的宴请，突出表现在人们的日常生活当中。常见的亲情宴会主要有逢年过节、生日祝寿、亲朋相聚、乔迁之喜、红白喜事、洗尘接风等主题。

1. 婚宴

婚宴是人们举行婚礼时，为宴请前来祝贺的亲朋好友和预祝婚姻幸福美满而举办的喜庆宴会。

婚宴在环境布置方面要求餐厅宽敞明亮、富丽堂皇，表演台背景设计典雅，音响灯光设备齐全，在菜品的选料与道数方面要符合当地的婚庆习俗，菜名要求寓意吉祥。

2. 生日宴

生日宴也称庆生宴或寿宴，是人们为纪念出生日和祝愿健康长寿而举办的宴会。

宴会装饰布局、台面布置体现喜庆热烈的气氛、突出主题，在菜品选择方面要突出健康长寿的寓意。

3. 家宴

家宴是在家中以私人名义邀请家人、朋友等聚餐的宴请形式。

家宴一般人数较少，聚餐形式较为灵活，不讲求严格的礼仪，菜式菜量不限，宾主在席间可随意交谈，气氛轻松活跃、自由，表现出浓烈的亲情、友情及阖家欢乐的氛围。

4.节日宴会

结合中国传统节日文化内涵举行的宴会形式，主要有端午粽子宴、中秋宴、重阳登高宴、除夕团圆宴。

 ## 五、按菜品的构成特征分类

（一）仿古宴

仿古宴是指将古代的特色宴席融入现代文化而产生的一种宴席形式，如仿唐宴、红楼宴、孔府宴等。仿古宴有利于弘扬我国历史悠久的饮食文化，从而满足现代市场的需求。

（二）风味宴

风味宴是指菜品、原料、烹调方法及就餐、服务方式等具有较强的区域性和民族性特点的宴席。其可分为国家或地区风味、地方风味、特殊原料风味、特殊烹饪方法风味。

国家或地区风味，有法式宴席、泰式宴席、日式宴席等；特殊原料风味，有海鲜宴席、药膳宴席等；特殊烹饪方法风味，有火锅宴席、烧烤宴席等；地方风味，有湘菜宴席、清真宴席、川菜宴席等。

（三）全类宴席

全类宴席又称"全席"或"全料宴"，宴会所有菜品均由一种原料，或由具有某种共同特性的原料为主料烹制而成。每种菜品所变化的只是配料、调料、烹饪技法、造型等，如全羊宴、豆腐宴、素宴、河豚宴等。

测试题

中国古今五大民宴

 ## 一、单项选择题

1.下列不属于宴会特点的是（　　）。

A.计划性　　　　　　B.社交性　　　　　　C.随意性　　　　　　D.聚餐式

2.下列关于宴会的说法中正确的是（　　）。

A.鸡尾酒会以酒水为主，略备小吃食品，形式较轻松，设座位，客人可随意走动

B.茶话会多为社会举行纪念和庆祝活动所采用，茶叶、茶具应按统一规格准备

C.社会交往需要决定了宴会的本质属性

D.风味宴可分为地方风味、特殊原料风味、特殊烹饪方法风味、国家或地区风味

3.宴会中规格最高、最为隆重的是（　　）。

A.正式宴会　　　　　B.国宴　　　　　　C.商务宴会　　　　　D.公务宴会

4. 下列选项中哪种不属于亲情宴会？（　　）

  A. 乔迁聚餐　　　　　B. 孩子满月宴请　　　　C. 亲朋洗尘接风　　　D. 公司庆典晚宴

5. 所有菜品只能以一种原料，或由具有某种共同特性的原料为主料烹制而成的宴会是（　　）。

  A. 全类宴　　　　　　B. 仿古宴　　　　　　　C. 满汉全席　　　　　D. 风味宴

 二、简答题

1. 宴会可以从哪几个方面分类？

2. 公务宴的特点是什么？

 三、案例分析

某酒店宴会厅正在举办一个大型宴会，一对新人及双方父母已在台上就位，宴会正常进行。按照程序，主人要祝酒讲话。只见主人走到话筒前，而此时值台员早已接到通知，在客人杯中已斟满酒水饮料。主人身后站着一位托着装有喜酒托盘的服务员，在主人真挚而热情的讲话结束后，服务员及时递上酒杯。正当宴会厅内所有客人站起来准备举杯祝酒时，厨房里走出一列身着白衣的厨师，手中端着刚出炉的烤鸭向各个不同方向走去。客人不约而同地将视线转向这支移动的队伍，热烈欢快的场面就此给破坏了。主人不得不再一次提议全体干杯，但气氛已不如之前热烈，客人的注意力被转移到厨师现场分工切割烤鸭上去了。

案例思考：

1. 这是一个什么类型的宴会，有什么特点？

2. 为什么宴会气氛不如之前热烈，其中的影响因素是什么？

3. 如何防止类似的事情发生？

学习任务2　中餐宴会服务

情境导入

张先生在××高级酒店为合作伙伴李先生设庆功宴，由于参加宴会的都是朋友，气氛很是热烈。小萧在客人点菜后，便热情地为他们服务起来。服务期间小萧全程微笑，手疾眼快，一刻也不得闲。上菜时即刻报菜名，见客人杯子空了马上斟酒，见菜碟的菜没有了立刻布菜，见餐碟上的骨刺皮壳多了便随即更换，并不时礼貌地询问客人还有什么需要，这让在座的客人都拘谨起来。李先生后来说："我们还是赶快吃完走吧，这里的服务太周到了，让人有点透不过气来。"闻言略显困惑的小萧请教了领班。后来，在领班的指导下，小萧明白了热情周到固然重要，但掌握好服务节奏也是宴会服务的一项重要技能。

分析：在宴会服务中，流行着一种无干扰服务的形式。这种服务要注意服务的节奏感，以客人的需要为服务的尺度。"热情服务"和"无干扰服务"均要根据客人的具体需求定夺，要掌握好分寸，否则容易起到相反的服务效果。

 ## 一、宴会前的准备工作

（一）宴会预订

宴会受理预订是宴会整体组织管理工作的首要环节，预订工作直接影响到餐单设计、环境布置及整个宴会活动的组织与实施。因此，酒店应挑选有工作经验、了解市场行情、应变能力强且专业知识丰富的服务人员来承担此项工作。

1. 预订方式

宴会预订方式是指主办方与酒店宴会预订员之间接洽联络、沟通宴会预订信息而采取的方式、方法。常见的预订方式有面谈预订、电话预订、信函预订、传真预订、中介预订、网络预订、指令性预订。

（1）面谈预订：是一种直接预订形式，是宴会预订最常见、最有效、最理想的方法，常用于中高档大型宴会、会议型宴会等重要宴会的预订。预订者通过与宴会预订员当面洽谈，可以充分了解酒店举办宴会的各种基本条件和优势，商定举办宴会的一些细节问题，满足客人提出的一些特殊要求。面谈时，一定要将客人安排在适当的地方，双方坐下交流，必要时，还可引领客人参观宴会场地或介绍菜点、服务项目等。

（2）电话预订：是宴会部与客户联络的主要方法，主要用于小型宴会预订。预订人应说明单位名称、人数、标准、时间，留下联系人的姓名和电话号码。另外，对于大型宴会面谈的预约、宴会的落实及细节的更改也可通过电话与客户交流传递信息。

（3）信函预订：是酒店与客户联系的另一种方式，适宜于远距离、提前较长时间的预订。它以书面的方式询问和回答有关问题，若客人信函中留有联系电话，可先考虑用电话回复。之后还要保持联系，并结合电话预订或面谈的方式，从而最终达成协议。

（4）传真预订：是介于电话预订与信函预订之间的一种预订方式，它比信函预订速度快，比电话预订更具体、更准确。

（5）中介预订：中介人是指专业中介公司或酒店内部职工。专业公司可与酒店宴会部签订常年合同代为预订，收取一定佣金。采用此方式预订时，酒店应建立监管机制，对中介方起到约束和监督作用。

（6）网络预订：网络预订是目前比较受欢迎的一种预订方式。客人通过微信公众号、网络平台寻找酒店宴会预订信息，选择就餐餐厅、宴会地点、消费标准及就餐时间等。网络预订信息准确、方便快捷，既方便了客户，也可以为宴会部争取到更多客源。

（7）指令性预订：指令性预订是指政府机关或主管部门在政务交往或业务往来中安排宴请活动而专门向直属酒店宴会部发出预订的方式。这种预订形式往往具有一定的强制性，各酒店应根据上级部署，无条件满足预订要求。

2. 预订程序与标准

1）接受预订

（1）热情接待：热情接待每位前来预订宴会的客人，如是电话预订，应在铃响三声内接起电话，使用敬语进行问候，并做自我介绍。询问客人的需求，声音清晰、柔和，音量适中，语速适宜。主动介绍宴会标准、宴会场所、特色菜肴。

（2）仔细倾听：接受预订时，宴会预订员应仔细倾听客人的预订内容，与客人详细讨论所有的宴会细节，注意不要随意打断客人的谈话。可结合客人的要求标准向客人介绍饭店的宴会设施和宴会菜单，做好推销工作，并尽量解答客人的所有提问。

（3）认真记录：宴会预订员应根据面谈细节信息逐项填写清楚主办单位（或个人）的名称、人数、宴会标准、宾主身份、宴会的时间、场地布置要求、菜肴酒水要求、付款方式和其他特殊要求等。宴会预订单填写好以后，应向客人复述预订内容，并请其签名。

（4）礼貌道别：向客人表示感谢并礼貌送客。

2）落实预订

（1）填写记录：在预订记录本上填写清楚宴会的地点、日期、时间、人数、用餐标准、厅堂布置等内容，注明是否收取确认的标记。

（2）签订合同：一旦宴会预订得到确认，就可签订宴会合同。宴会合同一式两份，双方各执一份，并附上经认可的菜单、饮料、场地布置示意图等细节资料，经双方签字后生效。

（3）收取定金：为保证宴会预订的成功率，可以要求客人预付定金。对饭店的常客及享有良好信誉者，可灵活掌握是否收取定金。

（4）确认和通知：在宴请活动前几天，应设法与客人联系，进一步确定已谈妥的所有事项。确认后填写"宴会通知单"送交各有关部门。若确认的内容与预订有异，应立即填写"宴会变更通知单"，发送至相关部门，并注明原宴会通知单的编号。

（5）建立档案：将客人尤其是常客的有关信息和活动资料整理归档，特别是客人对菜肴、场地布置等的特殊要求，以便下次为其提供有针对性的服务。

（二）宴会准备

1. 掌握情况

接到宴会通知单后，餐厅服务人员应掌握宴会的具体任务，使服务工作做到"八知""三了解"。

（1）"八知"即知宴请规模、知宴请主题、知主办地点、知宾主情况、知宴会的标准、知开餐时间、知菜单内容、知收费办法。

（2）"三了解"即了解客人的宗教信仰和风俗习惯、了解客人的进餐方式、了解客人的特殊需求和爱好。

2. 明确任务

（1）明确任务要求：宴会要求、摆台要求、服务要求、菜单要求、走菜要求、结束要求。

（2）明确任务分工：把宴会目标从空间与时间上分解成执行的细节，根据宴会要求设置管理人员、传菜、斟酒、迎宾、值台、衣帽间及贵宾室等岗位，对工作职责、工作区段、工作范围均有明确的分工与要求，实行"人岗双责"制度。

3. 宴会厅的布局设计

宴会厅布局设计是指酒店根据宴会主题、参加人数、接待规格、习惯禁忌、特殊需求，结合宴会厅的结构、形状、面积、光线和设备等情况设计宴会的布局。其布局设计应体现宴会的性质和档次，以营造隆重、热烈、优雅的宴会气氛，从而方便客人就餐和席间服务员的服务。

1）台型布局

（1）中餐宴会台型布局原则：中心第一、先右后左、高近低远，合理布局，如图 4-2-1 所示。

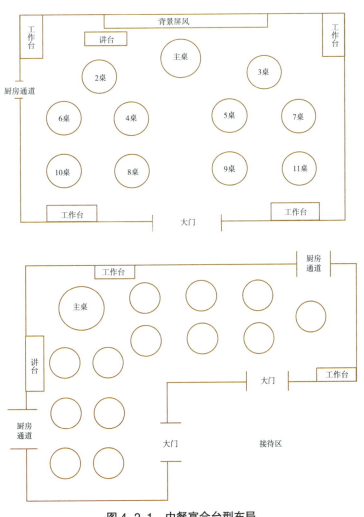

图 4-2-1　中餐宴会台型布局

中心第一是指布局时要突出主桌或主宾席。主桌放在上首中心，以突出其设备和装饰。如主桌的台布、餐椅、餐具的规格可以高于其他餐桌，或主桌的餐台大于其他餐桌，或突出主桌的花台等；先右后左是国际惯例，即主人右席客人的地位高于主人的左席；高近低远是指按被邀请客人的身份安排座位，身份高的离主桌近，身份低的离主桌远；合理布局是指宴会台型应美观、整齐、大方、合理，旨在合理利用宴会厅条件，表现宴会主办人的意图，体现宴会规格标准，烘托宴会气氛，便于客人就餐和员工席间服务。

（2）主桌、主宾席区、讲台布局原则。中餐宴会多用圆桌，在排列餐桌时，要突出主桌位置，主桌应放在面向餐厅大门、能够纵观全厅情况处，即宴会厅的上首中心。根据主桌的人数，其台面直径可以大于一般席区的餐桌，也可以与其他台面一致。要注重对主桌的装饰，主桌通常用考究的台布、餐椅、花草和高档餐具增加台面的感染力。

根据宴会的性质、规格来设置主宾席区、讲台或表演台，如在主桌后面可用大型盆景、屏风及各种形式的美工装饰布置背景，以突出宴会主题；致辞所用的讲台通常放在主桌左侧位置，即主人餐位的右后侧，方便主人或主宾致辞祝酒。

（3）工作台布局原则。宴会厅的工作台需围桌裙，放在餐厅的四周，既方便操作，又不影响整体效果。主桌或主宾区设有专用的工作台，其余各桌根据服务区域的划分酌情设立工作台。

2）席位安排

宴会席位安排是宴会服务的一项重要工作，应根据宴会的性质及要求结合出席宴会的客人身份来确定其相应的席位。席位安排既要符合礼仪规格，尊重风俗习惯，又要保证席间服务质量。

（1）10人正式宴会座次安排。

圆桌席位的安排方法参照西餐席位的安排规则，以右为尊，主客交叉，常见的安排方法有以下几种。

①将主人安排在餐桌上方的正中间，将主宾席位安排在主人的右侧，将副主宾席位安排在副主人右侧，其他客人按照自右而左，自上而下的顺序依次安排，如图4-2-2所示。

②男主人右侧为主宾位，左侧为副主宾位，如图4-2-3所示。如果客人是外宾，有翻译陪同，翻译应安排在靠近主宾右侧的席位，这样便于宾主在席间的交谈，如图4-2-4所示。

③如果主宾带夫人，主人也带夫人，则排列方式如图4-2-5所示。

（2）大型中餐宴会。大型中餐宴会重点是确定各桌的主人位，以主桌主人位为基准点，各桌主人位的安排有两种方式。

①各桌第一主人位置与主桌主人位置相同并朝向同一方向，如图4-2-6所示。

②各桌第一主人位置与主桌主人位置遥相呼应。具体来说，台型左右边缘桌次的第一主人位相对，并与主桌主人位形成90°角，台型底部边缘桌次第一主人位与主桌主人位相对，其他桌次的主人位与主桌的主人位相对或朝向相同，如图4-2-7所示。

（3）婚宴、寿宴座次安排。遵循中国传统礼仪和风俗习惯，一般原则是：高位自上而下，自右而左，男左女右。

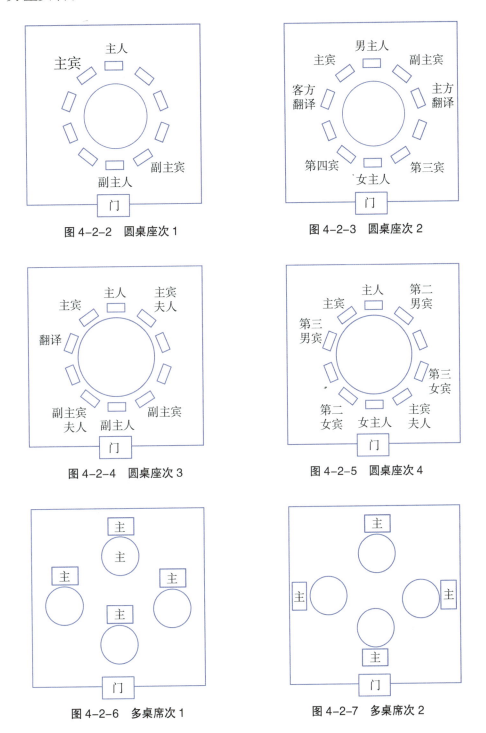

图 4-2-2　圆桌座次 1

图 4-2-3　圆桌座次 2

图 4-2-4　圆桌座次 3

图 4-2-5　圆桌座次 4

图 4-2-6　多桌席次 1

图 4-2-7　多桌席次 2

4.熟悉菜单

服务员应熟悉宴会菜单和主要菜点的风味特色，以做好上菜、派菜和回答客人对菜点提出询问的思想准备。同时，服务员还应了解每道菜点的服务程序，保证准确无误地进行菜肴服务。另外，还要熟悉每道菜的名称、风味特色、配菜和配食佐料及菜肴的制作方法，能熟练进行特殊菜肴服务。

5. 身心准备

宴会前由经理召开宴前会，强调宴会注意事项，检查员工仪容仪表，对宴会准备工作、宴会服务和宴会结束工作进行分工。上岗前，按照酒店员工仪容仪表规范要求化淡妆上岗。上岗时，工服整洁挺括、具有特色，重要宴会需要佩戴白手套；行为举止符合礼仪规范，使客人产生良好的第一印象和愉悦的美感。

6. 物品准备

根据菜单、宴会规格计算餐具和物品用量，备足酒水饮料、佐料；选配器皿、小毛巾、纸巾、烟缸等各类开餐用具，餐具要多备 1/5 的量，以便留有余地。

7. 宴席摆台

操作前要洗手消毒，按摆台标准摆好餐台，检查整体台面，保证餐具、用具齐全，摆放符合要求，无破损。

8. 开餐准备

一般在宴会开始前 15 分钟按照中餐宴会上菜要求摆上冷盘，冷菜摆放要注意色调和荤素搭配，间距相等。在开宴前 10 分钟，服务员要准备迎客。

9. 全面检查

准备工作就绪后，需全面检查各环节。宴会主管要在开餐前 1 小时检查环境布置、餐具、摆台、卫生、安全、设备及服务人员仪容仪表等。对于大型隆重的宴会活动，要求气氛热烈，为了保证活动万无一失，可以在宴会开始前进行两次彩排。

二、宴会前的迎宾工作

（一）宴前鸡尾酒会

大型隆重的宴会活动，根据宴会主办者的要求，常为先行到达的客人准备餐前鸡尾酒服务。一般在大宴会厅接待区由服务员托送餐前开胃酒和开胃小食，不设座位，客人可以随意走动、交流。

（二）迎宾引位

根据宴会的入场时间，宴会主管人员和咨宾提前在宴会厅门口迎接客人，值台服务员站在各自负责的餐桌旁准备服务。迎宾服务形式有夹道式、领位式和站位式。当客人到达时，服务人员以规范的站姿，热情迎接，面带微笑，主动向客人问好。回答问题和引领客人时要使用敬语，做到态度和蔼、语言亲切。（常用语：晚上好/早上好/中午好，先生/女士。欢迎光临本餐厅！）

接下来，用手示意客人进入餐厅，并在客人右前方 1.5 米处引领客人入座。

三、宴会中的就餐服务

（一）入席服务

1. 拉椅入座

当客人来到席位前时，值台服务员要面带微笑，按照"女士优先"和"先宾后主"的原则，热情地为客人拉椅让座。注意，拉椅动作要迅速、敏捷，力度要适中、适度，如有儿童用餐，需添加宝宝椅。

2. 铺设餐巾

待客人坐定后，按照女士优先、先宾后主的原则，站在客人右侧，右手在前，左手在后，帮助客人打开餐巾，并将餐巾轻轻压在骨碟下或放在客人腿上，注意不要将手肘朝向客人。（常用语：对不起，打扰一下，先生/女士，帮您铺设一下餐巾！）

3. 撤掉筷套

站在客人的右侧，左手拿筷，右手打开筷套封口，捏住筷子后端并取出，将其摆放在原来的位置。每次脱下的筷套握在左手中，最后一起收走。（常用语：帮您撤一下筷套可以吗？）

4. 上小毛巾

提供毛巾服务时，按照先宾后主、女士优先的原则，用毛巾夹将小毛巾放入客人左侧的毛巾碟中，并示意，请客人使用小毛巾。注意上、撤小毛巾时，服务员都不可以用手直接接触毛巾。（常用语：先生/女士，请用小毛巾！）

5. 递送茶水

客人入座后，先征询客人喜欢喝何种茶，并适当介绍。用茶壶倒茶时，左手按压茶壶盖，右手握住茶壶把，斟倒八分满。给全部客人斟倒完茶水后，再将茶壶续开水，放在桌子上，壶柄朝向客人，供客自己加水。（常用语：您好，请问喜欢喝什么茶？我们有……先生/女士，请用茶！）

6. 其他

拿走桌号牌、席位卡、花瓶或花插等，撤去冷菜的保鲜膜。

（二）菜肴服务

菜肴服务要求服务员根据宴会的标准、规格，且动作迅速、准确地按照宴会上菜和分菜规范进行服务。菜肴服务的标准及注意事项如下：

（1）上菜位置一般选择在陪同和翻译之间进行，也有的在副主人右边进行，这样有利于翻译和副主人向来宾介绍菜肴口味、名称。不要从客人头顶上菜，严禁从主人和主宾之间或来宾之间上菜。

（2）在宴会开始前将冷盘端上餐桌，一般宴会在冷菜吃到一半（10～15分钟后）开始上热菜。服务员应注意观察客人进餐情况，并控制好上菜的节奏。

（3）上菜顺序通常按照"八先八后"的原则，即先冷后热、先主（优质、名贵、风味菜）后次（一般菜）、先炒后汤、先咸后甜、先浓后淡、先荤后素、先下酒菜后下饭菜、先菜后点，严格按照席面菜单顺序进行。中国的地方菜系很多，又有多种宴会种类，具体需根据宴席的类型、特点和需求，因人、因事、因时而定。

（4）所上菜肴，若配有佐料的，则应先上佐料，再将菜端上，每道新菜都要转至主宾前面，以示尊重。

（5）介绍菜名或菜肴要准确，面带微笑，表情自然，吐字清晰，音量适中。

（6）菜肴上桌后，根据上菜要求操作，征询客人意见为客人分菜。可以采用桌上分让式、厨房分菜式、旁桌分让式，做到不滴不洒、清洁卫生。凡带骨的菜肴，要将骨与肉分得均匀，不能将头、尾、翼尖部分分给客人。对于需要佐料的菜肴，在上佐料的同时要略加说明。

（三）斟酒服务

为客人斟倒酒水时，要先征求客人意见，根据客人的要求斟倒各自喜欢的酒水。按先主宾后主人、女士优先原则顺时针方向进行，先斟色酒，后斟白酒，葡萄酒斟七分满，烈性酒和饮料斟八分满。第一次斟倒时，用托盘斟酒，席间服务时可徒手斟酒；开餐前若已斟上红酒和白酒，则从主宾位开始斟倒饮料，斟倒时需征求客人意见。宴会若未提前定好酒水，客人入座后，应先问酒，客人选定后，按规范进行操作；在宴会过程中，应注意规范添酒，不使杯子空着，当客人表示不需要某种酒时，应把空杯撤走。

大型宴会为了保证宾主致词和干杯的顺利进行，还可以提前斟倒酒水。主人和主宾在讲话前，要注意观察客人杯中的酒水是否已准备好；切忌打断客人交流进行斟酒；在宾、主离席讲话时，服务员应提前备好酒杯、斟好酒水，按规范在致词客人身旁静候，给客人留下一种服务质量高的形象。

（四）席间服务

宴会进行中，要勤巡视、勤斟酒，根据客人实际的需求提供周到、细致的服务。酒水剩1/3时要斟倒，骨碟杂物堆积较多时要及时撤换，用右手从主宾右边依次撤去脏骨碟同时换上干净的骨碟，辅以礼貌用语并伸手示意。客人站起来张望时要主动询问其服务需求。随时清洁客人餐桌，撤掉空盘、空碗、空杯。席间服务注意事项如下：

（1）服务操作时，注意轻拿轻放，严防打碎餐具和碰翻酒瓶、酒杯，以免影响就餐气氛。

（2）宴会期间，两名服务员不应在客人的左右两边同时服务，以免客人左右为难。

（3）宴会服务应注意节奏，不能过快或过慢，应以客人进餐速度为准。

（4）客人席间离座时，服务员应主动帮助拉椅、整理餐巾，待客人回座时重新拉椅、递铺餐巾。

（5）客人席间站起祝酒时，服务员应立即上前将椅子向外稍拉，坐下时应向里稍推，以方便客人站立和入座。

（6）当宾、主在席间讲话或祝酒时，服务员要停止操作，迅速退至工作台两侧肃立，姿态要端正，且保持安静，切忌发出声响。

（7）上甜品和水果前，送上相应餐具和小毛巾，撤去酒杯、茶杯和牙签以外的全部餐具，抹净转盘，服务甜点和水果。

（8）席间若有客人突感身体不适，应立即请医务室协助处理，并向领导汇报，将食物原样保存，留待化验。

（五）宴后服务

1. 结账服务

当客人表示需要结账时，服务员观察客人有无未开启酒水，并征询客人是否退回，清点所有酒水包括宴会菜单以外的加菜费用并累计总数，按规定办理结账手续。当客人付账后，服务员应向客人表示感谢。另外，大型宴会的结账工作一般由管理人员负责。

2. 打包服务

提倡"光盘"行动、绿色消费，宴会结束有多余剩菜时，婉言提醒客人可以提供打包服务，当客人同意或主动提出打包服务时，应提供相应的食品盒（袋），根据客人的要求将需要的剩菜分类装入打包盒内。同时，告知客人注意低温保存与保存的时间限制，以及再用时要用高温加热。请客人过目后将食品递交给客人或放在服务台上。

3. 送客服务

主人宣布宴会结束，客人起身离座时，服务员要提醒客人带好自己的随身物品，主动为其拉开座椅，尤其照顾好重要客人、老弱客人、妇女与儿童离席。当客人走出宴会厅时，使用准确、规范的告别语言，向客人致谢并道再见。随送或目送客人至门口，也可视具体情况决定是否列队欢送。

衣帽间服务员应根据取衣牌号码，及时、准确地将衣帽取递给客人。

四、宴会后的结束工作

大型宴会的结束工作与准备工作同样重要，要求按宴会前的分工和规范进行，以提高效率，降低损耗。

当用餐客人离开后，要检查客人有无遗留物品，然后清理台面，按照餐巾、小毛巾、玻璃器皿、瓷器、刀叉、筷子的顺序收台，对于金银玉器餐具则需要当场清点。搞好餐厅环境卫生，做到"三清两不留"，即台面清、地面清、工作台清，餐厅中不留食物、不留垃圾。

收尾工作结束后，领班要做检查。一般大型宴会结束后，主管要召开总结会。待收尾工作检查完毕后，全体工作人员方可离开。

测试题

中餐宴会设计大赛
案例

一、单项选择题

1. 当客人离席后，服务员要检查台面（　　）。

A. 有无未食用的食品　　　　　　　　B. 有无客人遗留物品

C. 有无剩余的烟酒　　　　　　　　　D. 有无未熄灭的烟头

2. 宴会开始后，待客人将冷菜（　　）时，服务员再开始上热菜。

A. 开始食用　　　　B. 食用一半　　　　C. 食用 1/3　　　　D. 食用完毕

3. 当大型宴会结束后，（　　）要召开总结会。

A. 经理　　　　　　B. 主管　　　　　　C. 领班　　　　　　D. 服务员

4. 大型宴会结账工作一般由（　　）负责。

A. 收银员　　　　　B. 传菜员　　　　　C. 值台服务员　　　D. 管理人员

5. 宴会前由（　　）召开宴前会，强调宴会注意事项，检查员工仪容仪表，对宴会准备工作、宴会服务和宴会结束工作进行分工。

A. 经理　　　　　　B. 主管　　　　　　C. 领班　　　　　　D. 咨宾

6. 大型隆重的宴会活动，根据（　　）的要求，常为先行到达的客人准备餐前鸡尾酒服务。

A. 主人　　　　　　B. 主宾　　　　　　C. 客人　　　　　　D. 宴会主办者

7. 提供席间服务时，若客人杯中酒水（　　）时，需斟倒。

A. 剩 1/2　　　　　B. 剩 1/3　　　　　C. 剩 1/4　　　　　D. 全部喝完

8. 宴会主管在开餐前（　　）检查场地、员工、餐桌、卫生、安全和设备。

A.15 分钟　　　　　B. 半小时　　　　　C.1 小时　　　　　D.2 小时

9. 下列不属于中餐宴会台型布局原则的是（　　）。

A. 中心第一　　　　B. 先右后左　　　　C. 合理布局　　　　D. 高远低近

10. 应在大型宴会开始前（　　），将冷盘摆放在餐桌上。

A.15 分钟　　　　　B.20 分钟　　　　　C.25 分钟　　　　　D.35 分钟

二、简答题

1. 宴会中的就餐服务包括哪些环节？

2. 席间服务的注意事项有哪些？

3. 落实宴会预订包括哪些工作内容？

4. 宴会准备包括哪些内容?

5. 上菜顺序中的"八先八后"原则具体包括哪些内容?

 ### 三、案例分析

酒店宴会厅里正在为活泼可爱的宝宝举办着一场周岁宴。一道又一道缤纷夺目的菜肴送上餐桌,客人们对今天的菜品感到十分满意。宝贝咯咯的笑声为宴席增添了欢乐,融洽、和睦的气氛弥漫着整个宴会厅。又是一道别具特色的点心送到大桌子的正中央位置,客人们异口同声喊着"漂亮"。整个大盆连同点心拼装成象征茁壮成长的绿冠大树。不一会儿,盆子已经见底,客人还是团团坐着,谈笑声、祝酒声响起,其乐融融。可是上了这道点心之后,再也不见端菜上来,客人们闹声过后便是一阵沉寂,大家开始面面相觑,热火朝天的生日宴会气氛慢慢冷却了。众人怕主人不悦,便开始东拉西扯,分散他们的注意力。

一刻钟过去,仍不见服务员上菜。孩子的父亲终于按捺不住,站起来朝服务台走去。接待他的是餐厅的领班。领班了解情况之后很惊讶:"你们的菜不是已经上齐了吗?"在一片沉闷中,客人怏怏离席。

案例思考:你认为,服务员在本次宴会服务中有哪些不到位的地方?

 ### 四、论述题

××酒店接待张先生为父亲举行的寿宴,共八桌。请根据中餐宴会服务程序和标准,制订出一份详细的宴会服务程序,并写明标准与要求。

学习任务3 西餐宴会服务

情境导入

感恩节是西方传统节日,是美国人欢聚的节日。在感恩节当天,××宴会厅接待了三家美国人的家庭聚会,在悠扬的小提琴声中,客人们品尝着厨房精心准备的火鸡、玉米面包等美食。最后,酒店服务员为客人们赠送了感恩节礼物。

分析:西餐宴会服务是高星级饭店为客人提供的摆西式餐台、吃西式菜点、用西式餐具并按西餐礼仪进行服务的一种较为高级的餐饮服务。作为西餐厅的员工,应该严格按照西餐宴会服务流程与标准,规范地为客人提供西餐宴会服务。

一、西餐宴会前的准备工作

（一）明确宴会情况

在宴会开始前，宴会部经理应根据本次宴会的规模，安排本次宴会的服务员，并召集服务员开会，讲解宴会注意事项。服务员需详细了解宴请桌数、参加宴会的人数、标准、台型设计、宾主身份、宾主风俗习惯和禁忌、菜单内容、上菜顺序、开宴时间、出菜时间、付款方式以及其他注意事项。

（二）布置宴会厅

按照宴会场景设计方案检查宴会厅的餐桌餐椅、灯具、电器、设备等是否完好，若有问题应及时上报并跟进，应按照要求装饰场地，也可以利用灯光、油画、烛台、壁挂炉等增添情趣。

（三）台型设置

对于台型，应根据宴会不同情况而设置，以下是几种常见的台型。

1."一"字形

"一"字形台通常设在宴会厅的正中央，与宴会厅四周距离大致相等，但应留有较充分的余地（一般应大于2米），以便于操作。

2."U"字形

"U"字形台一般要求横向长度比竖向长度短一些。

3. 正方形

一般设在宴会厅的中央，是一个中空的台型。

除以上基本台型外，还有"E"字形、"T"字形、鱼骨形、星形等。现在，许多西餐宴会也使用中餐的圆桌来设计台型。总之，西餐宴会的台型应根据宴会规模、宴会厅形状及宴会主办者的要求灵活设计。

（四）席位安排

西餐宴会的席位安排总体遵循"高近低远"的原则。

1."一"字形台的席位安排

"一"字形台的席位安排有两种方式，如图4-3-1所示。

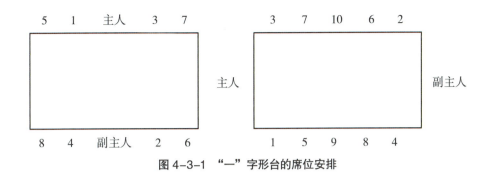

图 4-3-1 "一"字形台的席位安排

2. 其他台型的席位安排

其他台型的席位安排与图 4-3-1 中相似，大都是主人坐在餐台中央，主宾在主人右侧，他们面对其他来宾而坐，其他来宾距离主人越近，则表示其身份地位越高。

（五）准备餐饮用具

应依据宴会菜单和宴会通知单进行准备，常用的用具主要如下。

1. 不锈钢用具

不锈钢用具主要有头盆刀、叉，汤匙，鱼刀、叉，餐刀、叉，牛排刀，黄油刀，点心叉、匙，水果刀、叉，咖啡匙，服务叉、匙等。

2. 瓷器用具

瓷器用具主要包括装饰盘、面包盘、黄油碟、咖啡杯、垫碟、盐椒盅、牙签筒、烟灰缸等。

3. 杯具

杯具应根据宴会客人所选用酒类而定，主要有水杯、红葡萄酒杯、白葡萄酒杯、香槟杯、鸡尾酒杯、利口杯、雪利杯、白兰地杯、威士忌杯等。

4. 棉织品

棉织品主要有台布、桌裙、餐巾、服务餐巾和托盘垫巾等。

5. 服务用具

服务用具主要有托盘、宴会菜单、开瓶器、开塞钻、席位卡、冰桶、烛台、蜡烛、火柴、洗手盅等。

（六）西餐宴会摆台

服务员应根据宴会要求和规格进行摆台，详见主题1任务4西餐宴会摆台中的相关内容。

（七）面包、黄油服务

服务员应在宴会开始前5分钟，将面包、黄油摆放在客人的面包碟和黄油碟内，所有客人面包、黄油的种类和数量都应一致。

（八）熟悉菜单

服务员应熟悉宴会菜单和主要菜点的风味特色，以做好上菜、派菜和回答客人对菜点提出询问的准备；同时，还应了解每道菜的服务程序，确保准确无误地上菜。

（九）准备酒水饮料

应在休息室或宴会厅一侧设置吧台。吧台内备齐本次宴会所需的各种酒类饮料和调酒用具。根据酒水的供应温度提前降温，并备好酒篮、冰桶、开瓶器、开塞钻等用具。另外，还应备好干果、虾条等佐酒小食品。

（十）宴前检查

最后，服务员应对卫生、视听设备、灯光、物品、安全、自身仪容仪表等各方面做一次全面检查，以保证宴会的顺利进行。

二、西餐宴会前的迎宾工作

（一）迎接客人

根据宴会的入场时间，提前在宴会厅门口迎接客人，客人到达时要主动上前热情迎接，面带微笑，向客人问候。

（二）引领客人

礼貌问好后将客人引领至休息室，并根据需要接挂衣帽。

（三）休息室服务

引领客人进入休息室后，向客人问候，并及时向客人送上各式餐前酒。送酒水前应先作介绍并征求客人意见。如客人是坐饮，则应先在客人面前的茶几上放上杯垫，再上酒水；如客人是立饮，则应先给客人餐巾纸，然后递上酒水；如客人需要鸡尾酒，则应将客人引至吧台前，由调酒师根据客人要求现场调制，或是先请客人入座，再去吧台将客人所需的鸡尾酒托送至客人面前。

在客人喝酒时，应托送干果、虾条等佐酒小食品巡回向客人提供。休息室服务时间一般为半小时左右。当客人到齐后，主人示意可以入席时，则应及时引领客人至宴会厅。

三、西餐宴会中的就餐服务

（一）拉椅让座

当客人到达本服务区域时，主动上前热情欢迎并微笑问好，按照"女士优先"的顺序为客人拉椅让座。待客人坐下后，从右侧为客人铺餐巾，并点燃蜡烛以示欢迎。

（二）服务头盆

根据头盆配用的酒类，先为客人斟酒，再从客人的右侧上菜。若是鱼类菜品则需要斟倒白葡萄酒。若是冷头盆，可在宴前10分钟前上好。当客人全部放下刀叉后，服务人员应礼貌询问客人是否可以撤去餐盘。在得到客人允许后，从主宾开始，从客人右侧撤盘。注意，撤盘时应连同头盆刀、叉一起撤下。

（三）服务汤

应将汤碗放在垫盘或者餐碟上面，从客人右侧送上。客人在喝汤时一般不喝酒，但如果安排了酒类，则应先斟酒再上汤。当客人用完汤后，即可从客人右侧连同汤匙一起撤下汤盆。

（四）服务海鲜、鱼类菜品

服务员为客人先斟好白葡萄酒，再为客人从右侧上菜。当客人吃完海鲜、鱼类菜肴后，即可从客人右侧撤下鱼盘及鱼刀、鱼叉。

（五）服务肉类菜肴

服务员一般将肉类菜肴盛放在大菜盘中为客人分派，并配有蔬菜和沙司，有时还配有色拉。上菜前，应先斟好红葡萄酒，并视情况为客人补充面包和黄油。

肉类菜肴的详细服务程序详见主题3任务3餐中服务的内容。

（六）服务甜点、奶酪

服务员摆上干净的点心盘，将甜食叉、勺打开，左叉右勺。然后托送奶酪及配食的饼干等送至客人面前，待客人选定后，用服务叉、勺为客人分派，上奶酪前应先斟酒。此时，可继续饮用配主菜的酒类，也可饮用甜葡萄酒或波特酒。待客人全部放下叉勺后，询问主人是否可以撤下，得到允许后，将盘和甜食叉勺一起撤下。

（七）服务水果

服务员上水果前，应撤去桌面除酒杯外的所有餐用具，摆好餐盘和水果刀、叉。注意，从客人左侧上洗手盅，盅内放入温水、一片柠檬和数片花瓣。最后托着水果盘从左侧分派水果。

（八）送客服务

当宴会结束时，服务员应主动上前拉椅，取递衣帽。提醒客人带好自己的物品，站在桌旁向客人诚恳致谢并礼貌地目送客人离开。

四、西餐宴会后的结束工作

（一）签单结账

宴会接近尾声时，服务员应清点客人所用的食品饮料数量，算出总费用交给收银员，收银员核对无误后，服务人员及时把账单放在账单夹中递送给主人，主人核对后签单结账。服务人员应向客人致谢并欢迎下次光临；同时，还要征求客人的意见，并认真记录在意见簿上。

（二）检查台面

在客人离席后，服务员应检查台面上是否有未熄灭的烟头和客人遗留的物品。如果发现遗留物品，应及时还给客人或交到前台。

（三）清理台面

待客人全部离去后，立即清理台面。先整理椅子，收餐巾和小毛巾，再按规范清理餐具用品并送往后台分类摆放。贵重物品要当场清点。

测试题

西方宴会的历史

 一、单选题

1. 某公司举办西餐宴会，服务员正确的操作是（　　）。

A. 从客人左侧撤下汤匙和汤盘　　　　B. 先上菜，再斟好相应的酒水

C. 从席位安排遵循"高远近低"原则　　D. 从客人右侧上鱼类菜肴

2. 西餐宴会服务中，上鱼类菜肴前服务员应斟倒的酒水是（　　）。

A. 鸡尾酒　　　　　B. 白葡萄酒　　　　C. 白兰地　　　　D. 雪利酒

3. 西餐宴会服务员上冷头盆的时间大约是在宴会开始前（　　）。

A.5 分钟　　　　　B.10 分钟　　　　C.15 分钟　　　　D.20 分钟

4. 西餐宴会中休息室服务一般为（　　）左右。

A.10 分钟　　　　　　　　　　　B.20 分钟

C.30 分钟　　　　　　　　　　　D.40 分钟

5. 西餐宴会的上菜顺序是（　　）。

A. 汤类→头盘→鱼类→肉类→甜点　　B. 头盘→汤类→肉类→鱼类→甜点

C. 头盘→汤类→鱼类→肉类→甜点　　D. 汤类→头盘→肉类→鱼类→甜点

6. 西餐宴会服务中，服务员操作不正确的是（　　）。

A. 先摆好相应的餐具再上菜　　　　B. 按"先宾后主、女士优先"的顺序

C. 撤盘前先询问主人意见　　　　　D. 从右侧分派水果

7. 下列选项中不属于宴会结束后工作内容的是（　　）。

A. 检查台面　　　　　　B. 摆台　　　　　　　C. 签单结账　　　　　D. 清理台面

8. 西餐宴会服务中，上肉类菜肴前服务员应斟倒的酒水是（　　）。

A. 鸡尾酒　　　　　　　B. 红葡萄酒　　　　　C. 白兰地　　　　　　D. 白葡萄酒

9. 服务员在进行西餐宴会服务时，应在宴会开始前（　　），将面包、黄油摆放在客人的面包碟和黄油碟内。

A.3 分钟　　　　　　　B.5 分钟　　　　　　C.8 分钟　　　　　　D.10 分钟

 二、简答题

1. 简述西餐宴会的准备工作服务流程。

2. 简述西餐宴会前的迎宾工作服务流程。

3. 简述西餐宴会的就餐服务流程。

4. 简述西餐宴会服务中肉类菜肴的详细服务流程。

5. 简述西餐宴会后的结束工作服务流程。

 三、案例分析题

×× 公司举办西餐宴会招待外国客户。在宴会过程中，服务员小美在为客人送上三文鱼后，马上为客人斟好白葡萄酒；当客人吃完三文鱼后，小美从客人左侧撤下鱼盘及鱼刀、鱼叉；在为客人送上惠灵顿牛排后马上斟倒香槟。

请思考：

1. 分析小美在服务中的不当之处。

2. 在西餐宴会中，服务员应该怎样为客人提供肉类菜肴服务。

主题5　酒水与酒吧服务

主题概览

　　酒水与酒吧服务包括酒水基本知识、酒精饮料、软饮料、鸡尾酒调制、酒吧服务知识五大任务，详细介绍了蒸馏酒、酿造酒和配制酒的酿造工艺、特点、产地、质量等级、著名品牌等，以及调制鸡尾酒的基本技法，使学生能够掌握经典鸡尾酒的调制方法，并对酒吧服务的标准与程序有所了解。

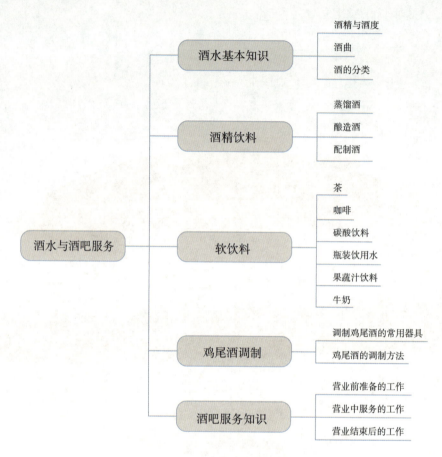

知识目标

1. 了解并掌握酒水的基本知识；

2. 掌握酿造酒、蒸馏酒、配制酒的特点、常见品牌及饮用方法；

3. 能根据不同特点区分各种软饮料；

4. 掌握鸡尾酒的基本调制方法；

5. 了解酒吧日常管理的主要内容，掌握酒吧服务的标准与流程。

能力目标

1. 具备酒水分类及识别能力；

2. 能按照正确的程序与配方调制常见鸡尾酒；

3. 能有效进行酒水介绍与推销；

4. 具备酒吧接待服务能力。

素养目标

1. 细心、周密、热情的服务意识；
2. 团结、协作、宽容的合作意识；
3. 灵活、责任、诚信的职业意识。

学习任务1　酒水基本知识

情境导入

人类饮用含酒精饮料的历史由来已久，但究竟起源于何时，却是一个有趣而又复杂的问题。那么，关于酒的知识，大家又了解多少呢？

分析：服务人员在为客人进行酒水推销时，首先要详细了解酒水的原料成分、基本口味、适应场合等，这是成功推销的关键因素。

酒水，又称为饮料，是指经过加工制造以供饮用的液态食品，是一切含酒精与不含酒精饮料的统称。

酒精饮料（Alcoholic Drinks），就是人们习惯上所说的酒，是指酒精含量在 0.5% ~ 75.5%、适宜饮用的饮料；与此相对的是无酒精饮料（Non-alcoholic Drinks），俗称软饮料（Soft Drinks），是指酒精含量低于 0.5%、天然或人工配制的饮料，又称无醇饮料。

 ## 一、酒精与酒度

（一）酒精

酒类的主要成分是乙醇，俗称酒精，在常温下是一种无色透明、易燃、易挥发、具有辣味和飘逸香气的液体，其沸点为 78.3℃，冰点为 –114℃；浓度为 100%，酒精的燃点为 75℃。任何含有糖分的液体，经过发酵便会产生醇，醇分甲醇、乙醇等几种。甲醇有毒性，饮用后会中毒而亡；乙醇无毒性，能刺激人的神经和血液循环，使人麻醉和兴奋，但过量饮用也会引起中毒。

（二）酒度

酒精在酒液中的含量用酒度来表示，国际上酒度通常有三种表示方法：

1. 标准酒度（Alcoholic % by volume）

标准酒度是由法国化学家盖吕萨克（Gay Lussac）创造的，以百分比或度表示，是指在

20℃条件下，每100mL酒液中所含有的酒精毫升数。如果一种酒在20℃时含酒精38%，即称为38度。

2. 美制酒度（Degrees of Proof US）

美制酒度以"Proof"表示，是指在20℃条件下，当酒精含量在酒液内所占的体积比例达到50%时，酒度为100 Proof。例如，某种酒在20℃时含酒精38%，即为76 Proof。

3. 英制酒度（Degrees of Proof UK）

英制酒度是由英国人克拉克发明，现在在世界范围内很少使用。

三种酒度相互换算方法如下：

（1）英制酒度 = 标准酒度 × 1.75；

（2）美制酒度 = 标准酒度 × 2；

（3）美制酒度 = 英制酒度 × $\frac{8}{7}$。

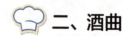 ## 二、酒曲

酒曲是用谷物制成的发酵剂、糖化剂或发酵糖化剂。用酒曲酿酒可以使糖化和酒化两个酿酒过程结合起来，即糖化和酒化交叉进行，这是我们祖先在酿酒工业中的伟大发明。目前，我国酿造白酒的酒曲大致有三种。

1. 大曲

大曲制曲的主要原料是小麦、大麦、豌豆和黄豆等谷物，其得名主要是因成品的形状像大砖块，也称块曲。用大曲酿造出的白酒具有独特的曲香和醇厚的口味，我国许多优质的酒品如茅台、泸州老窖特曲、洋河大曲等都是用大曲酿制而成的。根据在制曲过程中的最高温度，大曲又分为高温曲、中温曲和低温曲。

2. 小曲

小曲是相对于大曲而言，体积小于大曲，形状各异，有圆形、方形和饼形等。小曲的主要制曲原料是米、米糠和小麦等，因在制曲过程中加入了药材，又称为药曲。用小曲酿成的酒香气清雅，口味醇甜。小曲主要用来酿造黄酒，也可用来酿造白酒，如桂林三花酒、广东玉冰烧都是用小曲酿成的。

3. 麸曲

麸曲是用麸皮制成的，由于生产的周期短，又称为快曲。用麸皮制曲可节省粮食，成本低廉，不受季节限制。

三、酒的分类

（一）按酒的生产工艺分类

按生产工艺，酒可分为酿造酒、蒸馏酒和配制酒。

1. 酿造酒（Fermented Alcoholic Drink）

酿造酒是指以水果、谷物等为原料，经发酵后过滤或压榨而得的酒。酒度一般都在 20% vol 以下，刺激性较弱，如葡萄酒、啤酒、黄酒、米酒等。

2. 蒸馏酒（Distilled Alcoholic Drink）

蒸馏酒又称烈性酒，是指以水果、谷物等为原料先进行发酵，然后将含有酒精的发酵液进行蒸馏而得的酒。蒸馏酒酒度较高，一般均在 20% vol 以上，刺激性较强，如中国白酒、白兰地、威士忌、伏特加、朗姆酒、金酒、特基拉等。

3. 配制酒（Assembled Alcoholic Drink）

配制酒是指在各种酿造酒、蒸馏酒或食用酒精中加入一定数量的水果、香料、药材等浸泡后，过滤或蒸馏而成的酒，如杨梅烧酒、竹叶青、三蛇酒、人参酒、利口酒、味美思等。

（二）按酒精含量分类

按酒精含量，酒可划分为高度酒、中度酒和低度酒。

1. 高度酒

高度酒是指酒度在 40% vol 以上的酒，如茅台、五粮液、白兰地、朗姆酒等。

2. 中度酒

中度酒是指酒度为 20% ~ 40% vol 的酒，如孔府家酒、五加皮等。

3. 低度酒

低度酒是指酒度在 20% vol 以下的酒，如各种黄酒、葡萄酒、啤酒、大多数鸡尾酒等。

（三）按配餐方式分类

按配餐方式，酒可划分为开胃酒、佐餐酒和餐后酒。

1. 开胃酒

开胃酒是以成品酒或食用酒精为原料，加入香料等浸泡而成的一种配制酒，如味美思、比特酒等。

2. 佐餐酒

佐餐酒主要是指葡萄酒，西餐佐餐一般只用葡萄酒，如红葡萄酒、白葡萄酒、桃红葡萄酒和汽葡萄酒等。

3.餐后酒

餐后酒主要是指餐后饮用的可帮助消化的酒类,如白兰地、利口酒等。

测试题

酒的起源

 一、选择题

1.酒精由液体转化为气体的气化温度为（　　）。

A.48.3℃　　　　　B.58.3℃　　　　　C.68.3℃　　　　　D.78.3℃

2.世界上大部分国家采用标准酒度的方法表示酒液中酒精含量,一个标准酒度折算成英制酒度为（　　）。

A.1.75　　　　　B.2　　　　　C.2.25　　　　　D.2.5

3.人们往往将酿酒的起源归于某人的发明,并将其视为是酿酒的始祖,下列人物中被尊为酿酒始祖的是（　　）。

A.黄帝　　　　　B.轩辕　　　　　C.仪狄　　　　　D神农

4.中度酒的酒度一般为（　　）。

A．10%～20% vol　　　　　　　B．20%～30% vol

C．20%～40% vol　　　　　　　D．30%～40% vol

5.国际酿酒业规定,在统一标准温度条件下,乙醇含量的百分比为酒精度数,简称"酒度",这个统一的标准温度为（　　）。

A.10℃　　　　　B.12℃　　　　　C.20℃　　　　　D.36℃

 二、简答题

1.酒度的表示方法有哪几种?

2.简述酒的分类方法。

3.简述酒类生产的主要工艺。

学习任务2　酒精饮料

情境导入

在武侠剧中,我们经常看到古代侠客大碗喝酒、大口吃肉,甚至抱着酒坛子喝酒,那叫一个豪爽,给人感觉就是古人好能喝啊。其实古代老百姓喝的酒都是没有蒸馏过的发酵酒,这种酒都是浑浊的,口感偏甜,酒精度甚至还不如现在的啤酒,所以那些赶路的侠客才能以酒解渴。

那么，在现代社会中，人们饮用的酒是如何制作的？

分析：不同的生产工艺使酒的口感、香型、饮用方法等出现了差别，于是在服务中的配餐及服务方式也应随之变化。

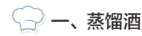 一、蒸馏酒

（一）中国白酒

中国的蒸馏酒主要是白酒（图 5-2-1），又称为"烈酒"，其因原料和生产工艺的不同形成了众多香型。根据国家标准目录，白酒香型目前共有 12 种。

图 5-2-1　中国白酒

1. 酱香型

酱香型白酒以贵州茅台酒为代表，又称茅香型。酱香型白酒采用高温制曲，堆积发酵等工艺，采用二次投料的方法制作，以一年为一个生产周期，取酒后，精心勾兑并陈酿三年以上而成。所谓酱香，就是淀粉反复发酵时产生的一种酱香、焦香或糊香味。其特点是无色（或微黄）透明，酱香突出，幽雅细腻，酒体醇厚绵柔、回味悠长，空杯留香持久。其中的典型代表有贵州茅台、贵州习酒、贵州仁怀赖茅酒、四川郎酒、湖南常德五陵酒等。

2. 浓香型

浓香型白酒以四川泸州老窖和五粮液为代表，又称泸香型或窖香型。浓香型白酒主要是以老窖为发酵生香基地，酿酒的窖越老，窖内微生物越多，发酵效果也越佳，生产出的白酒质量也就越好。其特点是无色透明（允许微黄）、窖香浓郁、绵甜爽净、香味协调且尾净香长。其中的典型代表有四川泸州老窖、四川宜宾五粮液、四川绵竹剑南春、安徽古井贡酒、江苏泗阳洋河大曲、江苏泗洪双沟大曲、山东曲阜孔府家酒等。

3. 清香型

清香型白酒以山西杏花村汾酒为代表，故又称汾香型。清香型白酒用大麦、豌豆为原料制曲，采用清蒸清烧两遍，固体连醇工艺生产。其特点是清亮透明、清香纯正、醇甜柔和、自然协调、余味爽净。其中的典型代表有山西祁县六曲香酒、重庆江小白、北京红星二锅头、河南宝丰酒等。

4. 米香型

米香型白酒主要采用小曲发酵，生产过程中把小曲"根霉曲"粉末均匀地洒在蒸熟的大米中和匀，然后放入发酵池使根霉曲繁殖并同时糖化，使米变甜，小曲内的酵母菌在发酵过程中也随之繁殖，使酒精发酵完毕后蒸馏，从而生产出醇和绵甜的白酒。其特点是无色透明、蜜香清雅、入口绵甜、落口爽净、回味怡畅。其中的典型代表有广西桂林三花酒、广东五华县长乐烧、湖南浏阳河小曲、岳阳小曲等。

5. 兼香型

兼香型白酒又称混香型或复香型，是指兼有两种以上主体香的白酒。其特点是一酒多香，在闻香、口香和回味香上各有不同的香气。其中的典型代表有湖北白云边酒、安徽口子窖、湖南白沙液、黑龙江玉泉酒等。

6. 凤香型

凤香型白酒是浓香型和清香型的结合，以高粱为原料，以大麦和豌豆制成的中温大曲或麸曲和酵母为糖化发酵剂，采用续楂配料，土窖发酵（窖龄不超过一年），酒海容器贮存等酿造工艺酿制而成。其特点是口感醇和细腻，入口柔和，余味悠长。其中的典型代表有陕西西凤酒等。

7. 芝麻香型

芝麻香型白酒兼有浓、清、酱三种香型之所长，又以独特的芝麻香为最突出的特点，有"一品三味"之美誉。其特点是酒液清澈（微黄）透明、芝麻香味突出、幽雅醇厚、甘爽谐调、尾净。其中的典型代表有山东一品景芝、扳倒井等。

8. 豉香型

豉香型白酒是珠江三角洲地区独有的一个酒种，以大米为原料，经蒸煮，用大酒饼作为主要糖化发酵剂。其采用边糖化边发酵工艺，经蒸馏、陈肉酝浸、勾调而成的，带有明显脂肪氧化的腊肉香气。其特点是豉香独特、醇和甘润、余味爽净。其中的典型代表有广东玉冰烧、九江双蒸酒等。

9. 特香型

特香型白酒是用小麦酿制，以中高温大曲为糖化发酵剂，经传统固态法发酵、蒸馏、陈酿、勾兑而成。其特点是浓、清、酱三香兼备均不靠，入口比酱香型白酒甜，口感比浓香型白酒要闷，细闻有一股菜籽油的气味，是江西的特有风味。其中的典型代表有江西的四特酒和临川贡酒等。

10. 老白干香型

老白干香型白酒以清香型为基础衍生出来的，于2004年正式列入中国白酒香型。其特点是口感干爽、粗糙，酒香中带有淡淡的大枣甜香。其中的典型代表是河北衡水老白干。

11. 馥郁香型

馥郁香型白酒将浓、清、酱三大香型集于一身，一口三香为馥郁。馥郁香型白酒以糯高粱和香糯米为原料，以小曲、大曲、特种药曲为糖化发酵剂，发酵设备采用泥窖。这个香型是酒鬼酒的独创，具有前浓、中清、后酱的独特口味。其中的典型代表是湖南酒鬼酒。

12. 董香型

董香型白酒又称为药香型，顾名思义就是略带中药味白酒。其特点是基础味道是浓香型白酒的口感，绵甜醇厚，酿造过程中加入了多种珍贵的药材，极具养生价值。其典型代表有贵州董酒等。

虽然国家标准认定的香型有12种，但总体上都是在酱香型、浓香型和清香型的基础上发展或进行的工艺创新。

（二）国外蒸馏酒

1. 白兰地（Brandy）

白兰地（图5-2-2）是以葡萄或其他水果为原料，经发酵、蒸馏而得的烈酒。以葡萄为原料制成的白兰地仅称为白兰地，而以其他水果为原料制成的白兰地必须标明水果名称，如苹果白兰地（Apple Brandy）、樱桃白兰地（Cherry Brandy）等。新蒸馏出来的白兰地需盛放在橡木桶内使之成熟，并经过较长时间的陈酿（如法国政府规定至少18个月），这样才会变得芳郁醇厚，并产生合适色泽。白兰地的储存时间越长，酒的品质越佳。白兰地的酒度为43% vol左右。

图5-2-2 白兰地

世界上绝大多数著名的白兰地都生产在法国，法国南部科涅克（Cognac）地区所产的白兰地最醇、最好，被叫作科涅克，也称为干邑。法国政府规定，只有在这个区域内生产出的白兰地才可称为"干邑"，其他地区的产品只能称为白兰地，但不得称干邑。干邑白兰地的特点十分独特，酒液呈琥珀色，金亮有光泽，酒体优雅，口味精细考究，风格豪壮英烈。干邑白兰地的名品有轩尼诗（Hennessy）、人头马（Remy Martin）、马爹利（Martell）、拿破仑（Napoleon）等。

通常用一些字母来表示白兰地品质和酒龄（表5-2-1和表5-2-2）。白兰地主要作为餐后酒，饮用时一般不掺其他饮料。

表5-2-1 白兰地的酒质

英文	缩写	中文解释	英文	缩写	中文解释
Cognac	C	科涅克（干邑）	Pale	P	淡色的

续表

英文	缩写	中文解释	英文	缩写	中文解释
Armagnac	A	雅马邑	Superior	S	上好的,优质的
Especial	E	特别的	Very	V	非常的
Fine	F	好	Extra	X	格外的
Old	O	老的	—	—	—

表5-2-2　白兰地的酒龄

中国白兰地（GB/T11856—2008）		干邑标准	
特级（XO）	酒龄要求不低于6年	VS（Very Superior）	至少2年的木桶酿藏期
优级（VSOP）	酒龄要求不低于4年	VSOP（Very Superior Old Pale）	至少4年的木桶酿藏期
一级（VO）	酒龄要求不低于3年	XO（Extra Old）	至少6年的木桶酿藏期，2018年改为至少10年
二级（VS）	酒龄要求不低于2年	XXO（Extra Extra Old）	所有用于调配的基酒木桶酿藏期都不能低于14年

2. 威士忌（Whisky）

威士忌（图5-2-3）是以谷物为原料经发酵、蒸馏后放入橡木桶中醇化而酿成的高度酒。世界各地都生产威士忌，最著名也最具有代表性的威士忌是苏格兰威士忌、爱尔兰威士忌、美国威士忌和加拿大威士忌。按照惯例，苏格兰、加拿大两地的威士忌书写为Whisky，其他国家和地区的威士忌书写为Whiskey，但在美国，两者可通用。威士忌的酒度为40% vol左右。

威士忌可纯饮，也可加冰块饮用，更被大量用于调制鸡尾酒和混合饮料。

图5-2-3　威士忌

（1）苏格兰威士忌（Scotch Whisky）。这是世界上最好的威士忌，以当地出产的大麦为原料，并以当地出产的泥煤（Peat）作为烘烤麦芽的燃料精制而成。苏格兰威士忌具有独特的风格，色泽棕黄带红，清澈透明，气味焦香，略有烟熏味，口感甘洌、醇厚、劲足、绵柔。新蒸馏出来的威士忌至少在酒桶内陈酿4年以上，在装瓶销售前还必须进行掺和调制。

其著名品牌有红方（Johnnie Walker Red Label）、黑方（Johnnie Walker Black Label）、皇家芝华士（Chivas Regal）、白马（White Horse）、金铃（Bell's）等。

（2）爱尔兰威士忌（Irish Whiskey）。有些专家认为这是威士忌的鼻祖，是用大麦（约占80%）、小麦、黑麦等的麦芽作原料酿造而成的，经过三次蒸馏然后入桶陈酿，一般需8～15年。其口感绵柔长润，由于原料不用泥煤烘烤，没有焦香味，适合于制作混合酒和其他饮料兑饮，风靡世界的爱尔兰咖啡就是以此作为基酒调配而成的。

其著名品牌有尊占臣（John Jameson）、吉姆逊父子（John Jameson & son）、波威士（Power's）、老布什米尔（Old Bushmills）等。

（3）美国威士忌（American Whiskey）。美国是世界上最大的威士忌生产国和消费国，其中肯塔基州波本（Bourbon）地区的产品最为著名。美国威士忌以玉米（51%～75%）、大麦等为主要原料，经发酵、蒸馏后入桶陈酿而成，陈酿期一般为2～4年，最长不超过8年。

其著名品牌有四玫瑰（Four Roses）、老祖父（Old Grand Dad）、野火鸡（Wild Turkey）、积丹尼（Jack Daniel）等。

（4）加拿大威士忌（Canadian Whisky）。加拿大威士忌原料必须是谷物（以玉米、黑麦为主）经两次蒸馏，用木桶陈酿，上市的酒要陈酿6年以上，如果少于6年，必须在标签上注明。加拿大威士忌酒液色泽棕黄，酒香清芬，口感轻快爽适，以淡雅著称。

其著名品牌有加拿大俱乐部（Canadian Club）、皇冠威士忌（Crown Royal）等。

3. 伏特加（Vodka）

伏特加（图5-2-4）是以土豆、玉米、小麦等原料经发酵、蒸馏后精制而成。伏特加不用陈酿，酒度为40% vol。伏特加既可纯饮，又可广泛使用于鸡尾酒的调制。

（1）纯净伏特加（Straight Vodka）。纯净伏特加是将蒸馏后的原酒注入活性炭过滤槽内过滤掉杂质而得的酒，一般无色、无味，只有一股火一般的刺激感。

其著名品牌有美国的斯米诺（Smirnoff）、苏联的斯多里西那亚（Stolichnaya，又称红牌伏特加）、莫斯科伏斯卡亚（Moskovskaya，又称绿牌伏特加）等。

图5-2-4　伏特加

（2）芳香伏特加（Flavored Vodka）。芳香伏特加是指在伏特加酒液中放入药材、香料等浸制而成的酒，带有色泽，且既有酒香，又有药材、香料的香味。

其著名品牌有波兰的蓝野牛（Blue Bison）、苏联的珀特索伏卡（Pertsovka）等。

4. 朗姆酒（Rum）

朗姆酒（图5-2-5）是以蔗糖汁或蔗糖浆为原料（有时也用糖渣或其他蔗糖副产品作原料），经发酵和蒸馏加工而成的酒，酒度为45% vol。朗姆酒按色泽可分为三类。

图 5-2-5　朗姆酒

（1）淡朗姆酒（Light Rum/Silver Rum/White Rum），又称银朗姆酒或白朗姆酒，陈酿时间短（在温暖的气候下，通常需要 3 ~ 6 个月，在寒冷的气候下则是 1 年）。这种酒无色透明，口味清，酒体轻盈，通常作为调制鸡尾酒的基酒。淡朗姆酒以波多黎各生产的为代表。

（2）金郎姆酒（Gold Rum），又称琥珀朗姆，一般采用经过炭化处理的白橡木桶陈酿 3 年。这种酒呈琥珀色，香气较浓，口味更重。金朗姆酒适宜纯饮或加冰饮用。

（3）黑朗姆酒（Dark Rum），又称红朗姆，一般要放在内侧重度烘烤过的橡木桶中陈酿 5 年以上，有时还会用焦糖染色。这种酒呈深棕色，口味厚重，香味浓郁，除了用于调酒外，还常用作烹调用酒。黑朗姆酒以牙买加生产的为代表。

其朗姆酒的著名品牌有波多黎各的百加地（Bacardi）、郎利可（Ronrico）、牙买加的摩根船长（Captain Morgan）、美雅士（Myers's）等。

5. 金酒（Gin）

金酒（图 5-2-6）又称琴酒、毡酒或杜松子酒，是以玉米、麦芽等谷物为原料经发酵、蒸馏后，加入杜松子和其他植物香料再次蒸馏而得的烈性酒。金酒无需陈酿，酒度为 40% ~ 52% vol。

（1）荷兰金酒（Dutch Gin）。荷兰金酒堪称荷兰的国酒，其色泽透明清亮，杜松子香味明显，微甜。荷兰金酒的传统饮用方法是整瓶冰镇，用一口杯饮用，很少用来调制鸡尾酒。

其著名品牌有波尔斯（Bols）、波克玛（Bokma）、亨克斯（Henkes）等。

（2）干金酒（Dry Gin）。英国产的伦敦干金酒在世界享誉最高。干金的意思是不甜，无色透明，酒香浓郁，口感甘冽、醇美，既可单独饮用，也可用于调制鸡尾酒。

图 5-2-6　金酒

其著名品牌有哥顿（Gordon's）、必发达（Beefeater）、得其利（Tanqueray）、老汤姆（Old Tom）等。

6.特基拉（Tequila）

特基拉（图 5-2-7），产于墨西哥，是以龙舌兰（Agave）汁浆为原料，经发酵、蒸馏而得的烈酒。其酒液呈无色透明或金黄色，香气独特、口味凶烈。新蒸馏出来的特基拉需放在木桶内陈酿，也可直接装瓶出售。特基拉常用于净饮，饮用方式独特，墨西哥人把盐巴撒在手背虎口上，先用大拇指和食指握一小杯纯龙舌兰，再用无名指和中指夹一片柠檬片。迅速舔一口虎口上的盐，接着将酒一饮而尽，再咬一口柠檬片，整个过程一气呵成，无论是风味或是饮用技法，都堪称一绝。此外，特基拉也可用于调制鸡尾酒。

其著名品牌有白金武士（Conquistador）、豪帅快活（Jose Cuervo）、瑞莎（Sauza）等。

图 5-2-7　特基拉

二、酿造酒

（一）葡萄酒（Wine）

葡萄酒是以葡萄为原料，经榨汁发酵酿制而成的原汁酒，酒度大多为 9.5% ~ 13% vol。葡萄中的糖、酸、单宁和色素是决定葡萄酒品质的先天因素。因酿造、颜色、含糖量等不同，葡萄酒种类各异（图 5-2-8）。

图 5-2-8　葡萄酒

1. 按照颜色划分

（1）红葡萄酒（Red Wine）

红葡萄酒是以紫红色葡萄为原料，连皮带汁一起发酵并压榨成汁，使果皮中的色素染入酒液中后再去皮渣酿制而成。酒液呈紫红、鲜红或宝石红色，通常在室温下饮用，并与肉食配饮。法国被称为"红酒王国"，波尔多地区出产的红葡萄酒被称为"葡萄酒之女王"。

（2）白葡萄酒（White Wine）

白葡萄酒是以白皮、青皮葡萄或去皮的红葡萄为原料，榨成汁去除皮和籽，再用葡萄汁发酵酿制而成。酒液呈金黄色、淡黄色或近于无色，需冰镇后饮用，8% ~ 12% vol 为最佳饮用温度，与海鲜、贝类配饮味道更佳。法国勃艮第出产的白葡萄酒被誉为"葡萄酒之王"。

（3）玫瑰红葡萄酒（Rose Wine）

玫瑰红葡萄酒是以紫红和青绿色葡萄混合在一起连皮带汁发酵酿造，但在中途将皮渣滤出。酒液溶有少许葡萄皮的色素而呈粉红玫瑰色，也需冰镇后饮用，最佳饮用温度为12% ~ 14% vol，可与任何种类的菜肴食物配饮。

2. 按照含糖量划分

（1）干葡萄酒（Dry Wine）

干葡萄酒是指含糖量在 4 g/L 以下的葡萄酒，饮用时尝不出甜味。

（2）半干葡萄酒（Semi-dry Wine）

半干葡萄酒是指含糖量在 4 ~ 12 g/L 的葡萄酒，饮用时可尝出微弱的甜味。

（3）半甜葡萄酒（Semi-sweet Wine）

半甜葡萄酒是指含糖量在 12 ~ 50 g/L 的葡萄酒，饮用时可尝出较明显的甜味。

（4）甜葡萄酒（Sweet Wine）

甜葡萄酒是指含糖量在 50 g/L 以上的葡萄酒，饮用时可尝出浓厚的甜味。

3. 按照二氧化碳的含量划分

（1）静态葡萄酒（Still Wine）

静态葡萄酒是指酒液中溶解的二氧化碳含量极少，开瓶后不产生泡沫。

（2）起泡葡萄酒（Sparkling Wine）

起泡葡萄酒是指酒液在装瓶后进行第二次发酵，发酵过程中产生的二氧化碳气体自然地聚集在瓶内，使得酒液中溶解了大量二氧化碳，开瓶后会产生泡沫。

香槟（Champagne）是起泡葡萄酒的典型代表。法国政府规定，只有在法国香槟地区生产的起泡葡萄酒才可称为香槟。香槟一般呈黄绿色，也有金黄色或玫瑰色，酒中含有充沛的二氧化碳气体，斟酒后略带白沫，细珠串腾，色泽透亮，果香十足，口感清爽。由于Champagne 与英语中"冠军""优胜者"发音相同，香槟也成为一种庆贺酒。起泡葡萄酒因含有大量的二氧化碳，所以应冰镇后饮用，最佳饮用温度为 6 ~ 8℃。

4. 按照再加工分类

（1）强化葡萄酒（Fortified Wine）

强化葡萄酒是指在葡萄酒的发酵过程中加入白兰地或食用酒精，使发酵中断，或在发酵结束后再加入白兰地或食用酒精，以提高酒精含量而得的葡萄酒。其酒度一般为14%～24% vol。

强化葡萄酒通常用于佐食甜点，故又被称为甜食酒（Dessert Wine）。

（2）芳香葡萄酒（Aromatic Wine）

芳香葡萄酒是指在葡萄酒发酵过程中，除掺入白兰地或食用酒精外，再加各种芳香原料（如具有香气的草本植物的根、茎、花、果实等）浸制而成的葡萄酒。该酒既有酒香，又有特殊的香料香味。

葡萄酒的品评

芳香葡萄酒主要用作开胃酒，也可用于调制鸡尾酒。

（二）黄酒

黄酒（图5-2-9）源于中国，是世界三大古酒之一，也是我国所独有的。黄酒以稻米、黍米、黑米、玉米、小麦等为原料，经过蒸料，拌以麦曲、米曲或酒药进行糖化和发酵酿制而成，因多数品种色泽黄亮而得名，酒精含量一般不高，多为14%～20% vol，最高可达22% vol。我国许多地区都生产黄酒，但由于自然条件不同、酿造原料丰富、酿造工艺多样等，黄酒形成了品种繁多、风格各异的特点。

图5-2-9　黄酒

1. 绍兴酒

绍兴酒产于浙江绍兴。据考证，在春秋战国时期绍兴地区便开始酿制黄酒。其酿造原料是当年产的优质糯米，采用淋饭法和摊饭法，传统的封坛方法是将坛口用荷叶、黏土等材料封起来，这样，酒液不与阳光接触，但空气可以进入。绍兴酒酒度低，可以长期储存，而且越陈越香。

加饭酒是绍兴黄酒中最具独特风味的一个品种。它以上等糯米为原料，加入酒曲后用摊饭法发酵酿制而成。加饭酒需在缸或坛中密封陈酿，陈酿期越长，酒质越好。加饭酒酒味浓醇，甘美可口，营养丰富，酒度为16%～17% vol，含糖量为2%，有古越龙山、会稽山等品牌。加饭酒加温后饮用，口味尤佳。

2.福建老酒

福建老酒以精白糯米为原料，以红曲作糖化发酵剂酿制而成，色赤如丹、清亮透明，酒度15% vol，含糖量6%。福建老酒是人们公认的烹调菜肴的好调料，著名的"佛跳墙"就是用福建老酒当汁制作的。

3.山东即墨老酒

即墨老酒选用优质大黄米（黍米）为原料，以崂山矿泉水为酿造用水，加入麸曲后发酵酿制而成。其酒液清亮，红褐透明，呈深红棕色、琥珀色，酒体醇厚，酒香浓郁，焦香突出，酒度12°。

（三）啤酒（Beer）

啤酒（图5-2-10）是以大麦为原料、啤酒花为香料、经发酵酿制而成的一种含有大量二氧化碳气体的低度酒。啤酒具有显著的麦芽和酒花清香，口味纯正爽口，内含丰富的营养成分，所以又被称为"液体面包"。

图5-2-10　啤酒

啤酒一般需冰镇后饮用或加冰块饮用，其最佳饮用温度为10℃左右，啤酒的温度会直接影响泡沫形状和口感。判断啤酒质量最简单的方法主要有两种：一是看其有无混浊或沉淀，优质啤酒是清澈透明的，如有混浊或沉淀物，则表示啤酒已过期或变质；二是看其泡沫，优质啤酒的泡沫丰富、洁白、细腻、持续时间较长，且能挂杯。

1.啤酒的"度"

（1）麦芽汁浓度

麦芽汁浓度是指啤酒酒液中麦芽汁含量所占的体积比例，以度（°）来表示。啤酒的麦芽汁浓度一般为7°～18°。啤酒通常以麦芽汁浓度来衡量其口味与颜色。另外，啤酒的颜色也受麦芽烘烤程度的影响。

（2）酒度

啤酒的酒度较低，一般为1.2%～8.5% vol，与麦芽汁的浓度成正比。

2.啤酒的分类

（1）按是否杀菌分类

啤酒按是否杀菌（酵母菌）可分为生啤酒和熟啤酒两种。生啤酒（Draught）又称鲜啤酒或扎啤，是指酿成的啤酒不经加热杀菌处理而直接入桶密封，口味较鲜美，但稳定性较差，极易变质，其保存期为3～7天。生啤酒在饮用时需经生啤机加工（加入二氧化碳并速冷）；熟啤酒是指酿成的啤酒需经过加热杀菌处理的瓶（罐）装啤酒。熟啤酒的稳定性较好，但口味及营养不如生啤酒，保质期一般为2～6个月。

（2）按啤酒的颜色分类

啤酒按其颜色可分为黄啤酒和黑啤酒。黄啤酒（Yellow Beer）是啤酒中最主要的品种，呈浅黄色，酒度为3%～5% vol，麦芽汁浓度10°～12°；黑啤酒（Dark Beer）是以烘烤较焦的麦芽为原料经发酵后酿成的啤酒，呈咖啡色或棕黑色，酒度为5%～8% vol，麦芽汁浓度为14°～18°。

3.中外啤酒简介

（1）中国啤酒

中国啤酒的产量和质量均居世界前列，著名品牌有山东青岛啤酒、广东珠江啤酒、浙江西湖啤酒以及香港特别行政区的生力啤酒（San Miguel）等。

（2）外国啤酒

外国啤酒的著名品牌有荷兰的喜力（Heineken）、德国的卢云堡（Lowenbrau）、贝克（Beck's）、丹麦的嘉士伯（Carlsberg）、爱尔兰的健力士（Guinness，又称吉尼斯，其黑啤酒非常有名）、美国的百威（Budweiser）、日本的麒麟（Kirin）、新加坡的虎牌（Tiger）等。

三、配制酒

配制酒（Assembled Alcoholic Drinks）是指在原汁酒或蒸馏酒中加入药材、香料等精制而成的酒精饮料。其配制方法一般有浸泡法、蒸馏法、精炼法三种。其中，浸泡法是指将药材、香料等浸没于成品酒中陈酿而制成配制酒的方法；蒸馏法是指将药材、香料等放入成品酒中进行蒸馏而制成配制酒的方法；精炼法是指将药材、香料等提炼成香精加入成品酒中而制成配制酒的方法。

（一）中国配制酒

1.种类

（1）花果配制酒：是以花类的花、叶、根、茎或果汁、果实发酵原酒为香味来源的配制酒。如花香明显的桂花酒、玫瑰酒等，果香明显的山楂酒等。该类酒的酒度为18%～55% vol。

（2）植物类配制酒：是以植物药材为香源，使用不同酒基的配制酒，要求诸香谐调，如五加皮、莲花白、竹叶青等。

（3）动物类配制酒：是以白酒或黄酒为酒基，以某些有特殊疗效的动物或它们的皮、角、毛、骨、脏器及其制品为香源或特殊成分源制成的配制酒，所用药材带有明显的特殊芳香，但要求诸香谐调、口味醇正柔和，如鹿茸酒。

2. 名品介绍

（1）山西竹叶青。竹叶青产于山西省汾阳市杏花村酒厂，以汾酒为原料，在加入竹叶、当归、檀香等芳香中草药材和适量的白糖、冰糖后浸制而成。该酒色泽金黄、略带青碧，酒味微甜清香，酒性温和，适量饮用有较好的滋补作用；酒度为 45% vol，含糖量为 10%。

（2）五加皮酒。此酒选用五加皮、砂仁、玉竹、当归、桂枝、党参等 20 多种药材，用特酿白酒浸泡，增添糯米蜜酒、冰糖、蜂蜜，深采千岛湖泉水作为引子精心酿制而成。该酒色泽红褐，澄清透明，具有多种药材的芳香，入口酒味浓郁，调和醇滑。酒度为 40% vol，含糖量为 6%。

（3）五味子酒。此酒是采用五味子的果实经特定过程制得的果酒。该酒清亮透明，浅宝石红色，酸甜适口，滋味浓郁。酒度 15% vol。

（二）外国配制酒

1. 开胃酒（Aperitifs）

开胃酒（图 5-2-11）又称餐前酒，餐前饮用开胃酒有助于刺激胃口，增加食欲。开胃酒主要以葡萄酒或蒸馏酒为原料加入植物的根、茎、叶、药材、香料等配制而成。

图 5-2-11　开胃酒

（1）味美思（Vermouth），也称苦艾酒，用白葡萄酒为酒基加入苦艾为主的香料、草药浸泡而成，酒度为 18% vol 左右。

味美思主要在法国和意大利生产，常见的品牌有马天尼（Martini）、仙山露（Cinzano）、干霞（Gancia）等。

（2）比特酒（Bitters）。又称苦汁或必打士，是以葡萄酒或蒸馏酒为基酒，加入金鸡纳霜、苦橘皮等植物根茎的药草配制而成。该酒酒味苦涩，药香和酒香突出，酒度为 16% ~ 40% vol。

比特酒主要产于欧美，著名品牌有金巴利（Campari）、杜本纳（Dubonnet）、安格斯杜拉（Angostura）等。其中，Angostura 主要用于调制鸡尾酒，Campari 和 Dubonnet 是饮用型比特酒。

（3）茴香酒（Anises）。是以茴香为主要香料，再加上少量的其他配料（如白芷根、柠檬皮等），在蒸馏酒中浸制而成。该酒无色透明或有浅麦秆色，茴香味突出，酒度为25% ~ 30% vol。

茴香酒以法国产的最为著名，主要有潘诺（Pernod）、里卡德（Ricard）等。

2. 甜食酒（Dessert Wine）

甜食酒是指西餐中佐食甜点饮用的酒品，主要是指强化葡萄酒。强化葡萄酒是用葡萄酒与白兰地配制而成，酒度高于葡萄酒，为16% ~ 18% vol，口味较甜。

（1）雪利酒（Sherry）。原产西班牙加的斯，被誉为西班牙的国酒。其名品有克罗夫特（Croft）、哈维斯（Harveys）、布里斯托（Bristol）等。

（2）波特酒（Port）。只有使用葡萄牙杜罗河流域种植的葡萄作为原料，且在杜罗河的维拉·诺瓦·德·加亚酒库（Vila Novade de Gaia）内陈化和储存，从对岸波特港口运出，酒度在16.5% vol 以上，这才可称为波特酒。其名品有泰勒（Taylor's）、圣地门（Sandeman）、杜斯（Dow's）等。

3. 利口酒（Liqueur）

利口酒又称力娇酒或香甜酒，是在蒸馏酒或食用酒精中加入芳香原料配制而成。西方人多喜欢在餐后饮用，故又称餐后酒。利口酒味道香醇，色彩娇艳，口感较甜，酒度多为17% ~ 55% vol。

（1）水果利口酒：采用色彩艳丽、香气明显的水果为香料，最为大众的是柑橘类和樱桃类利口酒。其名品有法国君度（Cointreau）、金万利（Grand Marnier）、荷兰蓝波士（Bols Blue Curacao）、荷兰喜力（Heineken）等。

（2）香草利口酒。它的基酒大多是蒸馏酒，香草种类繁多，有独特秘方且不外传。其名品有薄荷酒（Peppermint）、加力安奴（Galliano）、巴菲利口酒（Parfait Amour）等。

（3）种子利口酒：以植物的种子为原料，一般用于酿制利口酒的种子多是含油高、香味浓烈的坚果种子，如咖啡豆、可可豆、杏仁、茴香等。其中的名品有牙买加的添万利（Tia Maria）、荷兰的波尔斯（Bols Brown Cacao）、意大利的安摩拉多（Amaretto）、美国的海勒姆沃克可可酒（Hiram Walker）等。

（4）其他香料利口酒，如荷兰蛋黄利口酒（Advocaat）、百利甜（Baileys）等。

测试题

🧑‍🍳 一、选择题

1. 餐饮服务中，为客人提供的白葡萄酒最佳饮用温度是（　　）。

A.4～6℃　　　　　　B.8～12℃　　　　　　C.14～16℃　　　　　　D.18～20℃

2. 波特酒的产地是（　）的杜罗河流域。

A. 西班牙　　　　　　B. 葡萄牙　　　　　　C. 意大利　　　　　　D. 波兰

3. 为使啤酒达到最佳饮用温度，服务员应将其冰镇至（　　）。

A.12～14℃　　　　　B.8～10℃　　　　　　C.4～6℃　　　　　　D.0～2℃

4. 威尔先生点了一份蛋糕，服务员应推荐的佐餐酒是（　　）。

A.雪莉酒　　　　　　B.干红葡萄酒　　　　C.干白葡萄酒　　　　D.甜葡萄酒

5. 酒水的温度会影响饮用时的口感，温热后饮用口感更佳的酒水是（　　）。

A.黄酒　　　　　　　B.啤酒　　　　　　　C.白葡萄酒　　　　　D.红葡萄酒

6. 饮用温度在6～8℃时口感最佳的酒水是（　　）。

A.黄酒　　　　　　　B.香槟酒　　　　　　C.清酒　　　　　　　D.红葡萄酒

7. 在某西餐厅就餐的客人点了一道"烤蒜头羊腿"。服务员小乔为其推荐佐餐酒，他应推荐的酒水是（　　）。

A.雪莉酒　　　　　　B.红葡萄酒　　　　　C.白葡萄酒　　　　　D.利口酒

8. 下列选项中，属于谷物类发酵酒的是（　　）。

A.金酒　　　　　　　B.特基拉　　　　　　C.清酒　　　　　　　D.朗姆酒

9. 下列选项中，属于水果类蒸馏酒的是（　　）。

A.伏特加　　　　　　B.白兰地　　　　　　C.金酒　　　　　　　D.威士忌酒

10. 下列选项中，具有佐甜食功能的配制酒是（　　）。

A.马德拉酒　　　　　B.君度酒　　　　　　C.茴香酒　　　　　　D.味美思

11. 中国白酒的香型丰富多彩，下列白酒中属于酱香型白酒的是（　　）。

A.五粮液酒　　　　　B.郎酒　　　　　　　C.剑南春酒　　　　　D.汾酒

12. 起泡葡萄酒理想的饮用温度是（　　）。

A.4～6℃　　　　　　B.6～8℃　　　　　　C.8～10℃　　　　　　D.10～12℃

13. 从质量上看，最好的葡萄酒产自于（　　）。

A.美国　　　　　　　B.德国　　　　　　　C.法国　　　　　　　D.西班牙

14. 特基拉是一种烈性酒，其生产原料是（　　）。

A.蛇麻花　　　　　　B.龙舌兰　　　　　　C.甘蔗　　　　　　　D.土豆

15. 某瓶法国干邑在瓶标上标示 VSOP，这表示其酒龄最起码超过（　　）。

A.2 年　　　　　　B.4 年　　　　　　C.6 年　　　　　　D.10 年

二、简答题

1. 按西餐的餐饮搭配原则，在西餐用餐时所用的酒品可分为哪几类？请给每类各举一个酒品为例。

2. 中国白酒的香型可以分为哪几类？请给每类各举一个典型酒品为例。

学习任务3　软饮料

情境导入

软饮料（Soft Drink）的历史要追溯至 1767 年，英国药剂师约翰·巴斯曼发明了碳酸水。自 20 世纪 80 年代起，软饮料在世界范围内受到热烈推崇，在全球范围内发展迅速，现在已经成为一个百亿级的产业市场。

分析：餐饮服务员应掌握饮料的适用范围及饮用方法，为客人做恰当的推荐。

软饮料（Soft Drink）是指各种不含酒精成分的饮料，包括茶、咖啡、可可、牛奶、果汁、汽水、矿泉水等。许多软饮料是调制鸡尾酒和混合饮品必备的辅助饮料。

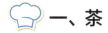 一、茶

中国是茶的故乡，茶树原产于云贵高原，茶的饮用、栽培和制作都始于中国。唐朝陆羽的《茶经》是世界上第一部关于茶叶的专著。

（一）茶叶的种类

1. 按茶叶制造阶段分类

按茶叶制造阶段不同分为初制茶和精制茶。初制茶又称毛茶；毛茶集中到精制厂加工后的成品，叫作精制茶。

2. 按茶叶采制季节分类

按采制季节不同，茶叶分为春茶、夏茶和秋茶。一般来说，春茶品质最好，芽叶细嫩，茶味醇和，有"清明茶，味甜爽口"的说法；秋茶次之，香高味浓，有"白露茶，香气馥郁"的说法；夏茶品质较差，因夏天温高燥热，茶叶老化快，外形粗松，内质低劣，香低味涩。

3. 按制作工艺和发酵程度分类

按制作工艺和发酵程度，茶叶有五种、六种、七种之说。

其中，五种包括绿茶、红茶、花茶、乌龙茶和紧压茶（茶砖）。六种包括绿茶、红茶、黄茶、青茶、黑茶、白茶。七种包括绿茶、红茶、黄茶、青茶、黑茶、白茶、雪茶。

（1）绿茶：是指采取茶树的新叶或芽，未经发酵，经杀青、整形、烘干等工艺而制成，其汤色和叶底均呈绿色。著名的绿茶有西湖龙井、碧螺春、信阳毛尖、六安瓜片、蒙顶甘露、黄山毛峰等。

（2）红茶：是指经萎凋、揉捻（切）、发酵、干燥等一系列工艺过程精制而成的茶，属全发酵茶，其汤色和叶底均呈红色。著名的红茶有祁门红茶、滇红、正山小种、金骏眉等。

（3）黄茶：加工工艺近似绿茶，只是在干燥过程的前或后，增加一道"闷黄"的工艺，属轻发酵茶类。著名的黄茶有君山银针、蒙顶黄芽、霍山黄大茶等。

（4）青茶：亦称乌龙茶，是介于红茶和绿茶之间的半发酵茶。在六大茶类中，青茶制法最为精巧，综合了红茶和绿茶的加工技术，品质别具一格。著名的青茶有安溪铁观音、武夷大红袍、凤凰单枞、冻顶乌龙、阿里山高山茶等。

（5）黑茶：属后发酵茶，因成品茶的外观呈黑色而得名。黑茶起源于四川省，其年代可追溯到唐宋时茶马交易中早期。当时，茶马交易中茶的集散地为四川雅安和陕西的汉中，由雅安出发抵达西藏至少有 2～3 个月的路程，由于没有遮阳避雨的工具，茶叶在雨天常被淋湿，天晴时茶又被晒干，这种干、湿互变过程使茶叶在微生物的作用下导致了发酵，产生了品质完全不同于起运时的茶品，因此"黑茶是马背上形成的"这种说法是有其道理的。久而久之，人们就在初制或精制过程中增加一道渥堆工序，于是就产生了黑茶。著名的黑茶有湖南湘尖、花砖、湖北青砖、云南紧压茶、四川茯砖等。

（6）白茶：属微发酵茶，是中国茶类中的特殊珍品。因成品茶多为芽头，满披白毫，如银似雪而得名。白茶不经杀青或揉捻，只经过晒或文火干燥后加工的茶，具有外形芽毫完整，满身披毫，毫香清鲜，汤色黄绿清澈，滋味清淡回甘的品质特点。白茶因茶树品种和原料要求的不同分为白毫银针、白牡丹、寿眉、贡眉等。

（7）雪茶：是产于西藏、云南地区的独特品种，一般生长于海拔 3 000 米以上的雪山上，属于植物与菌类共生的高级茶品。

（8）花茶：又名香片茶，是一种经过花香熏制而成的茶。其特点是既有茶香风味，又有鲜花的芬芳，是我国特有的品种。著名的花茶有茉莉花茶、玉兰花茶、柚子花茶等。

（二）中国十大名茶

中国十大名茶代表了中国茶叶品质与生产制作工艺之最，也显现出中国独特的茶文化魅力，其中每一大名茶都蕴涵了历史的渊源和动人的传说。

1915 年举办的首届巴拿马太平洋万国博览会将碧螺春、信阳毛尖、西湖龙井、君山银针、黄山毛峰、武夷岩茶、祁门红茶、都匀毛尖、六安瓜片、安溪铁观音列为中国十大名茶。

中国十大名茶最新排名为武夷山大红袍、西湖龙井、安徽铁观音、洞庭碧螺春、普洱茶、六安瓜片、庐山云雾、黄山毛峰、君山银针、祁门红茶。

 ## 二、咖啡

"咖啡"一词源自希腊语"Kaweh",意思是"力量与热情"。咖啡树是热带性植物,只适合生长在热带和亚热带地区,在南纬25°~北纬25°之间的地带,海拔1 000~1 500米的高地,最适合栽植咖啡树。非洲是咖啡的故乡,咖啡树的原产地在非洲的埃塞俄比亚,在非洲被发现后,先后传到阿拉伯半岛、荷兰,然后传到全世界,迄今巴西已是世界上最大的咖啡生产国,我国的云南省、海南省所产咖啡豆的质量丝毫不比世界其他地区所产咖啡逊色。

由于咖啡具有振奋精神、消除疲劳、除湿利尿、帮助消化等功效,适量饮用咖啡有利于人体健康。人们日常饮用的咖啡是用咖啡豆配合各种不同的烹煮器具制作出来的,每一品种的咖啡豆有其不同特点,为适应消费者的不同饮用需求,一般应将不同种类的咖啡豆进行混合焙炒,使其香味变得浓郁。

 ## 三、碳酸饮料

碳酸饮料是指制作时在原料中添加酸味剂、无机盐及人工碳酸气的饮料。含有适量的二氧化碳是这类饮料的重要质量特征,因此碳酸饮料又称为汽水。汽水中的二氧化碳对胃壁有轻微刺激作用,能加速胃液分泌,帮助消化;同时,二氧化碳从体内排出时带走了人体内的热量,使人饮后有清凉的感觉。

 ## 四、瓶装饮用水

目前市场上的瓶装饮用水大致可分为两类:天然矿泉水和人工加工水,如纯净水、蒸馏水等。

1. 矿泉水

矿泉水是从地下深处自然涌出的或者是经人工采集、未受污染的地下矿水,含有一定量的矿物盐、微量元素或二氧化碳气体。微量元素,是指这种元素在人体内含量很少,但在生命活动过程中的作用是十分关键的。因此,长期饮用矿泉水能够补充人体内营养素的不足,增强机体免疫功能,延缓衰老,预防肿瘤等。

2. 纯净水

纯净水就是将天然水经过多道工序处理、提纯和净化,去除了对人体有害的物质、部分矿物质元素;同时,由于除去了细菌,可以直接饮用。

3.蒸馏水

蒸馏水是用蒸馏方法制备的纯水。自然界中的水都不纯净，通常含有钙、镁、铁等多种盐，还含有机物、微生物、溶解的气体（如二氧化碳）和悬浮物等，用蒸馏方法可以除去其中的不挥发组成。

 ## 五、果蔬汁饮料

纯天然的鲜果蔬饮料是将新鲜的水果、蔬菜洗净后，用榨汁机榨取原汁，经调制后饮用。新鲜的水果汁、蔬菜汁中含有丰富的矿物质、维生素、蛋白质、氨基酸、糖类、果胶、胡萝卜素、叶绿素等成分，不仅能满足人体的正常需要，还有健体强身等功效。

 ## 六、牛奶

牛奶是最古老的天然饮料之一，含有丰富的矿物质、蛋白质、钙、磷、维生素 A、维生素 D 和维生素 B_2 等，对促进人体生长发育有一定效果。

测试题

 ### 一、选择题

1.世界上第一部茶百科全书是（   ）。

A.《诗经》   B.《本草纲目》   C.《神农本草经》   D.《茶经》

2.世界上咖啡产量最大的国家是（   ）。

A.哥伦比亚   B.牙买加   C.巴西   D.危地马拉

3.不发酵的茶类是（   ）。

A.绿茶   B.青茶   C.红茶   D.黄茶

4.红茶类属于全发酵茶类，茶叶颜色深褐油亮，茶汤色泽为（   ）。

A.橙色   B.红亮   C.紫红   D.黄色

 ### 二、简答题

中国茶叶分为几大类？各自有哪些特点及名品。

学习任务4　鸡尾酒调制

情境导入

关于"鸡尾酒"一词的由来，众说纷纭，有着许多不同的传说。其中的一种说法是由于组成鸡尾酒的原料种类很多，而且颜色绚丽，丰富多彩，如同公鸡尾部的羽毛一样美丽，因此人们将这种不知名的饮品称为鸡尾酒；有人说鸡尾酒一词源于法语单词"Coquetel"，据说这是一种产于法国波尔多地区经常被用来调制混合饮料的蒸馏酒；有人说这个词是悄悄出现在20世纪的斗鸡比赛中，因为当时每逢斗鸡比赛一定是盛况空前，获得最后胜利的公鸡的主人会被组织者授予奖品或者更确切地说是战利品——被打败的公鸡的尾毛。

"鸡尾酒"一词首次出现在大众媒体上，是1806年5月13日由美国发行的一本杂志上。其实，鸡尾酒的起源并无实际意义，只是让饮用者在轻松的鸡尾酒会上欣赏一杯完美的鸡尾酒的同时，多一个寒暄的话题而已。不过，既然鸡尾酒的起源有如此多种美丽的传说，说明它的确有独特的魅力。

分析：鸡尾酒是酒吧、餐厅宴会的上乘饮料，又是社会活动和小型沙龙随意小酌的饮品。酒吧服务员为了满足客人的需求，需要推荐酒单中的特色饮品，然后根据客人的口味特点调配出独特的鸡尾酒。

一、调制鸡尾酒的常用器具

1. 摇酒壶（Shaker）

摇酒壶（图5-4-1）俗称调酒器、调酒壶。摇酒壶主要分两种，即英式摇酒壶（Standard Shaker）和波士顿摇酒壶（Boston Shaker）。每种摇酒壶都有不同的规格，适用于不同分量的调酒。

（1）英式摇酒壶（Standard Shaker）：也叫普通摇酒器，一般习惯称之为雪克壶，它由三部分组成——厅、隔冰器和盖。隔冰器的作用是隔除厅内的冰块，以及过多的泡沫等杂质。常见的材料主要有不锈钢、银、塑料。英式摇酒壶可以单手操作，也可以双手操作。

（2）波士顿摇酒壶（Boston Shaker）：它由两部分组成——厅和杯，波士顿摇酒壶由于没有隔冰器，所以在操作的时候，多用杯子去隔除冰块等，必须双手操作。其常见材料也是不锈钢、银、塑料。

图 5-4-1　摇酒壶

2. 调酒杯（Mixing Glass）

调酒杯（图 5-4-2）跟普通的酒杯类似，但有些许不同。调酒杯一般会有一个漏嘴，有一些还会有刻度，部分还带有把柄。材料主要是玻璃。

3. 量酒器（Measurer Cup）

量酒器（图 5-4-3）也叫量酒杯、吉格杯（Jigger）、盎司杯，常见容量有三种：1 oz[①]/1.5 oz、0.5 oz/1 oz、1 oz/2 oz。用于调酒时精确倒量酒水。其常见材料有不锈钢、银、塑料。

4. 吧匙（Bar Spoon）

吧匙（图 5-4-4）也叫吧勺。用于调和材料的长柄匙，一端是匙，另一端是叉，中间是螺纹手柄，便于捏拿以及引流。调制彩虹鸡尾酒时就必须用到吧匙，主要有 9 寸、12 寸两种规格，用于不同鸡尾酒的调制。其常见材料为不锈钢、银。

图 5-4-2　调酒杯　　　　图 5-4-3　量酒器　　　　图 5-4-4　吧匙

5. 搅拌机（Blender）

搅拌机常用来调制分量多，或者材料中含有固体物、奶制品、鸡蛋等难以充分混合的饮料。

6. 滤冰器（Strainer）

滤冰器（图 5-4-5）用作过滤酒液与冰块的工具。当鸡尾酒调制完成后，将滤水器盖在调酒杯的上面，将酒从调酒杯中注入载杯，分离酒液和冰块。

7. 酒吧刀（Bar-knife）

酒吧刀（图 5-4-6）一般选用小型或中型刀，用来切割制作小装饰物，如柠檬片等。

①　oz是符号ouce的缩写，中文称为盎司，是英制计量单位，1盎司=28.350克。

8. 搅酒棒（Stirrer）

搅酒棒是用来搅拌酒液的工具，常用作含有冰块的长饮类饮品的出品服务，供客人自行调和酒水使用。

9. 冰夹（Ice tong）

冰夹（图5-4-7）用来夹取冰块、装饰物等物品，一般为不锈钢材质。

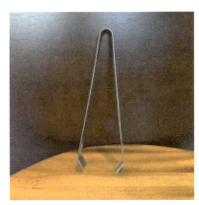

图5-4-5　滤冰器　　　　　图5-4-6　酒吧刀　　　　　图5-4-7　冰夹

10. 鸡尾酒签（Cocktail stick）

鸡尾酒签（图5-4-8）主要用来串连组合装饰物，或增加装饰效果。

11. 吸管（Drinking straw）

吸管（图5-4-9）是一种方便客人饮用酒品的工具，常用于长饮类鸡尾酒、非酒精饮料、特色饮品等。

12. 杯垫（Coaster）

杯垫用来垫在鸡尾酒杯杯底，起防滑、隔热、隔冷的作用，预防杯子或冷藏酒水的水珠滑落，保持桌面干净。

13. 酒嘴（Pourer）

酒嘴（图5-4-10）是一种专门装在酒瓶瓶口，用来控制酒液流量的工具，常用在使用频率高的烈性酒酒瓶上，或在花式调酒表演时使用。

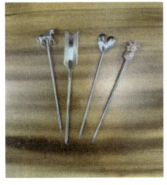

图5-4-8　鸡尾酒签　　　　图5-4-9　吸管　　　　　图5-4-10　酒嘴

二、鸡尾酒的调制方法

鸡尾酒是一种混合饮料，调制使用的六大基酒为金酒、伏特加、白兰地、朗姆酒、威士忌、特基拉。由于调制鸡尾酒所使用的材料不同和饮用方法不同，调制方法有很大差异，基本可分为五种：摇和法（Shake）、调和法（Stir）、兑和法（Build）、漂浮法（Float）、搅和法（Blend）。

（一）摇和法

摇和法是使用鸡尾酒摇酒壶，通过手臂的摇动来完成各种材料混合。把酒水按配方比例倒入加有冰块的摇酒器中摇荡，摇匀后过滤冰块，将酒水倒入酒杯中。用这种方法调制的酒水多使用鸡尾酒杯盛装。一般来讲，由不宜相互混合的材料（如：果汁、奶油、生鸡蛋、糖浆等）构成的鸡尾酒，使用摇和法来调制。

摇和法的要点是"快速"，从而避免冰块融化得太多而冲淡酒味；"双恰"是通过调酒师恰当地操作，使各种材料之混合恰到好处。

摇和法分为单手摇和双手摇两种。

1. 单手摇

单手摇是用右手的食指按住壶盖，用大拇指、中指、无名指夹住壶体两边，手心不与壶体接触。摇壶时，尽量要用手腕用力。手臂在身体右侧自然上下摆。在单手摇的过程中要做到力量大、速度快、有节奏、动作连贯。

2. 双手摇

双手摇的方法是用左手中指按住壶底，拇指按住壶中间过滤盖处，其他手指自然伸开。右手拇指按壶盖，其余的手指自然伸开来固定住壶身。壶头朝向调酒师，壶底朝外，并略向上方。摇壶时可在身体左上方或右上方。要求两臂略抬起，呈伸曲动作，手腕呈三角形，靠近身体的一侧摇动。

代表鸡尾酒：玛格丽特、红粉佳人。

（二）调和法

调和法有两种，即调和以及调和与滤冰。调和是将配方中的酒水按分量倒入酒杯里，加进冰块，用吧勺搅拌均匀。搅拌的目的是在最少稀释的情况下，迅速把各种成分冷却混合。这种调法调制的酒水多用高脚杯或柯林杯盛装。

调和与滤冰则是把酒水与冰块按配方比例倒进调酒杯中，用吧勺搅拌均匀后，用滤冰器过滤冰块，将酒水斟入杯中。具体操作要求是用左手握杯底，右手按"握毛笔"姿势，使吧勺勺背靠杯边按顺时针方向快速旋转，搅动时只发出冰块转动声。搅拌五六圈后，将滤冰器放在调酒杯口，迅速将调好的酒水滤出。这种方法调制的酒水一般使用鸡尾酒杯盛装。一般来讲，由易于混合的材料（如各种烈酒、利口酒等）组成的鸡尾酒，都选择用调和法来调制。冰片或 1/2 方冰块是使用调和法的最佳用冰形式。

代表鸡尾酒：马天尼、曼哈顿。

（三）兑和法

兑和法是将配方中的酒水按配方比例直接倒入杯里，不需搅拌即可制成，但有时也需用吧勺紧贴杯壁慢慢地将酒水倒入，以免冲撞混合。例如大家熟悉的长饮酒 Gin& Tonic、Harvey Wall Banger 等，都是使用的兑和法调制。

代表鸡尾酒：自由古巴、天使之吻。

（四）漂浮法

漂浮法是直接将配料依次倒入酒杯中，由于配料的密度不同，因此能够看到鸡尾酒有渐变色、分层的感觉。在大多数情况下，用这种方法调制出来的鸡尾酒都会配有一根搅棒，客人可以根据自己的喜好自由选择是按层次品尝，还是将其搅匀后品尝。

代表鸡尾酒：B-52 轰炸机、彩虹酒。

（五）搅和法

搅和法是把酒水与碎冰按配方比例放进电动搅拌机中，用电动搅拌机将各种预先准备好的材料混合起来，连碎冰带酒水一起倒入酒杯中，用这种方法调制的酒水多使用卡伦杯或长饮杯盛装。

使用搅和法调制的鸡尾酒，大部分为含有水果、冰淇淋和鲜果汁的长饮品，即所谓的 Long Drinks。对于使用搅和法调制出的鸡尾酒所使用的水果，在放入电动搅拌机之前，一定要将其切成小碎块，碎冰要在最后加入。电动搅拌机在高速挡运转不少于 20s，就能获得一种雪泥状的鸡尾酒。

代表鸡尾酒：椰林飘香、银菲士。

测试题

 一、选择题

1. 虽然鸡尾酒的起源说法不一，但一般人们认为鸡尾酒起源于（　　）。

A．英国　　　　　　B．美国　　　　　　C．法国　　　　　　D．德国

2. 鸡尾酒的基酒一般以（　　）为主。

A．配制酒　　　　　B．蒸馏酒　　　　　C．发酵酒　　　　　D．酿造酒

3. "红粉佳人"是一款著名的鸡尾酒，其基酒是（　　）。

A．伏特加酒　　　　B．朗姆酒　　　　　C．白兰地酒　　　　D．金酒

4.鸡尾酒的一个重要特征就是颜色艳丽。红颜色的鸡尾酒通常是由于在调酒时加入了（　）。

A.西红柿汁　　　　B.胡萝卜汁　　　　C.石榴糖浆　　　　D.红葡萄酒

5.在常用的调制鸡尾酒的方法中，用机电设备替代手工操作调制鸡尾酒的方法是（　）。

A.兑和法　　　　B.调和法　　　　C.摇和法　　　　D.搅和法

 二、简答题

1.鸡尾酒的调制过程中将使用哪些设备和用具？

2.调制鸡尾酒常用的基酒包括哪些？

3.鸡尾酒的调制技法包括几种？各自的适用范围与注意事项是什么？

学习任务5　酒吧服务知识

情境导入

在第31届世界大学生夏季运动会（成都大运会）期间，作为中国白酒的典型代表——五粮液在东安书院大运会主媒体中心，为国内外媒体嘉宾朋友精心打造了集办公、休闲交流、文化体验于一体的沉浸式配套服务空间——大运会快闪酒吧，将竞技体育精神与城市文化、历史文化以及中国白酒文化、品牌文化相结合，传播积极向上、拼搏进取的健康理念，并以优质的服务接待四方之客。

分析：大运会期间，快闪酒吧以"中国风巴蜀韵"为底色，融合酒文化、园林文化、竹文化、山水文化等传统文化元素造景，诠释了传承至今的中国文化精神。

 一、营业前的准备工作

（一）清洁卫生

1.前吧的清洁卫生

服务员应每天使用湿毛巾清洁吧台表面，再用干毛巾擦干，并使用蜡光剂使其呈现光亮效果。不锈钢操作台可直接使用清洁剂擦拭，然后用干毛巾擦干即可。

2.后吧的清洁卫生

服务员应每天定期清理冷藏柜外部的灰尘，以保持其外观整洁。一般要求三天左右对冷藏柜内部进行一次彻底的清洁，以确保其正常运行，也可延长使用寿命。同时，酒柜和陈列柜以及陈列的瓶酒和酒杯等物品也应每天除尘，以符合卫生标准并提升客户体验。

3. 地面的清洁卫生

服务员应每天清扫吧台内外的地面卫生，并对吧台服务区域的地毯进行每天吸尘和定期清洗。

4. 酒杯、用具的清洁卫生

服务员应对酒杯和用具进行专业的清洁和消毒处理，以达到无水渍和无破损的标准。

（二）领料存入

1. 填写领料单

服务员应根据酒吧每日所需的酒水和食品数量填写酒水领料单，并送交给酒吧经理签字。

2. 仓库领料

服务员应凭酒吧经理签字的领料单去仓库领用酒水、食品等，在领料时要核对数量并检查质量。

3. 存入酒水

服务员从仓库领回酒水后应首先擦净瓶身，然后分别按要求妥善存放，应将酒水、果汁、牛奶等尽快放入冷藏柜内冷藏，一般应将瓶装酒存入酒柜或在陈列柜上陈列。

4. 领酒杯和瓷器

服务员应按照用量规格填写领料单，由酒吧经理签字后到仓库领取，将酒杯及瓷器领回吧台后，要清洗消毒后才能使用。

（三）服务准备

服务员应整理好桌椅，在桌面上摆放好花瓶、桌号牌等用品。并备好托盘、餐巾纸、杯垫、酒水单、点酒单、笔等服务用具。

（四）检查工作

仔细检查酒吧的电器设备、安全卫生、物料准备、桌面摆放等有无不妥之处。如有不妥，及时采取措施纠正。同时整理个人仪表仪容，站在规定的位置上迎候客人的到来。

二、营业中的服务工作

（一）迎宾服务

当客人到达酒吧时，服务员应主动招呼客人，并面带微笑问好，如"您好""欢迎光临"等（音量适度，保证客人听到即可），并同时鞠躬15°。

（二）引领服务

（1）引领客人到其喜爱的座位入座，拉椅让座并遵照女士优先的原则。如是一位客人可领至吧台前的吧椅上；如是两位以上的客人，可领其到小圆桌就座。

（2）注意引领时应遵从客人的意愿和喜好，不可强行安排座位。

（3）待客人入座后递上打开的酒单，并对客人说："请看酒单。"

（三）点酒服务

（1）服务员递上酒单稍候片刻后，询问客人喜欢喝什么。

（2）适当向客人介绍酒水品种，回答客人有关问题。

（3）填写点酒单，点酒完毕需复述一遍以再次确认。

（4）记住每位客人各自所点酒水，以免送酒时混淆。

（5）点酒单一式三联，将一联留底，将其余二联及时分送吧台和收银台。

（6）当客人杯中的酒水不足 1/3 时，可建议客人再来一杯，适时推销。

（四）送酒服务

（1）将调制好的酒水及时用托盘从客人右侧送上。

（2）送酒时应先放好杯垫，递上餐巾后再上酒，报出酒水的名称并说："这是您（或你们）的 ×× ，请慢用。"

（3）巡视自己负责的服务区域，及时撤走桌面的空杯、空瓶，保持桌面整洁；同时，按照规定撤换烟灰缸（烟蒂不超过三个），确保环境卫生。

（4）适时向客人推销酒水，以增加酒吧营业收入，但要注意推销技巧，不要让客人感到尴尬或不适。

（5）在送酒服务过程中，服务员应注意轻拿轻放，手指不要触及杯口，显示良好的礼貌礼仪及卫生习惯。

（6）如客人点了整瓶酒，则应按示酒、开酒、试酒、斟酒的服务程序为客人服务。

（五）结账、送客服务

（1）客人示意结账时，服务员应立即到收银台取账单。

（2）取回账单后，服务员应认真核对台号、酒水的品种、数量及金额是否准确。确认无误后，服务员应将账单放在账单夹中用托盘送至客人的面前，并礼貌地说："这是您的账单。"

（3）客人起身离座时，主动上前拉椅，取递衣帽；同时，还要提醒客人带好自己的物品，向客人诚恳致谢并欢迎客人下次光临。

三、营业结束后的工作

（一）清理酒吧

（1）将剩余的酒水、配料等妥善存放。

（2）做好吧台、工作台、水池等的清洁卫生。

（3）将客人用过的杯具等统一送至清洗间清洗、消毒。

（4）散卖或调酒用过的酒应用湿毛巾把瓶口擦干净后再放入酒柜。

（5）将酒水整理好后，给寄存柜上锁，避免失窃。

（二）盘点酒水

认真、仔细地盘点酒吧所有酒水、配料等现存的数量，填写酒水记录簿，如实反映当日或当班所销售的酒水数量，从而保证酒吧库存的准确性和可靠性。

（三）逐日工作报告

填写每日工作报告，认真、如实记录当日营业额、客人人数、平均消费、特别事件和客人投诉等，以便让上级主管人员把握酒吧的具体营业状况和服务情况。

（四）检查收尾

（1）检查火灾隐患。详细排查有无可能引发火灾的隐患，特别是掉落在地毯上的烟头。

（2）封闭电器开关。关闭除冷藏柜以外的所有电器开关，包括照明灯、咖啡机、生啤酒机、空调和音响等。

（3）关好门窗。

测试题

 一、选择题

1.酒吧内的冷藏箱内应定期清洁，一般要求（　　）进行一次。

A. 每天　　　　　B. 三天　　　　　C. 五天　　　　　D. 七天

2.点酒单一式（　　）。

A. 两联　　　　　B. 三联　　　　　C. 四联　　　　　D. 五联

3.在进行酒吧点酒服务时，若客人杯中的酒水不足（　　），服务员可建议客人再点一杯，适时推销。

A.1/2　　　　　B.1/3　　　　　C.1/4　　　　　D.1/5

4.以下关于酒吧营业中的服务流程及标准中，不正确的是（　　）。

A.点酒完毕应向客人复述一遍以确认无误

B. 如迎接的是一位客人，可领至吧台前的吧椅上

C. 引领客人时不可强行安排座位

D. 将调制好的酒水及时用托盘从客人左侧送上

5. 在酒吧营业的过程中，服务员应及时巡视自己所负责的服务区域，及时撤走桌上的空杯、空瓶，并按照规定撤换烟灰缸。烟灰缸内烟蒂不超过（　　）个。

A. 三　　　　　　B. 四　　　　　　C. 五　　　　　　D. 六

二、简答题

1. 简述酒吧营业前的准备工作包括哪几项。

2. 简述酒吧营业中的服务工作内容。

3. 简述如何做好酒吧引领服务。

4. 简述如何做好酒吧点酒服务。

5. 简述如何做好酒吧送酒服务。

6. 简述酒吧营业结束后的工作包括哪几项。

主题6　餐饮经营管理

主题概览

　　餐饮经营管理包括餐饮日常管理、客人异议处理、餐饮安全防范三大任务，主要任务是使学生熟悉餐厅物品、学会人员管理的基本知识，掌握餐饮服务质量管理的基本知识。通过本任务的学习，了解客人投诉的原因及心理，掌握处理客人投诉的原则和常见问题的处理方法、餐饮部常见事故的预防与处理方法，了解食物中毒的种类、特点及预防方法，以使学生热爱餐饮服务行业，树立"为客人提供优质服务"的理念，培养良好的职业素养并提高职业能力。

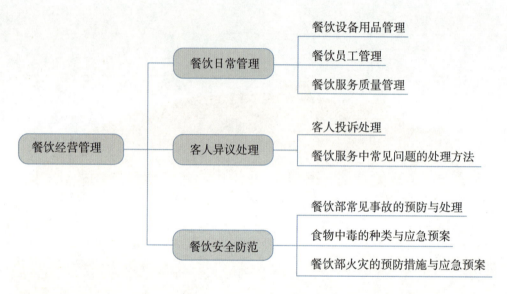

知识目标

1. 熟悉餐饮设备用品管理的相关知识；

2. 了解员工日常管理排班、考核和激励的方法；

3. 掌握餐饮服务质量管理的具体内容；

4. 了解客人投诉的原因，掌握投诉处理的原则；

5. 正确认识餐饮安全防范问题，并有效预防安全事故。

能力目标

1. 学会餐厅服务质量控制的方法，能够对餐饮服务的全过程进行质量监控；

2. 能够分析客人投诉的原因、心理，并能灵活处理客人异议；

3. 能够做好餐饮部常见事故的预防并及时采取有效处理措施。

素质目标

1. 提高安全防范意识；

2. 提高服务意识，为客人提供细致、周到、热情的用餐服务；

3. 养成良好的职业素养，遇到问题时能够冷静地解决。

学习任务1 餐饮日常管理

情境导入

最近，××餐厅的王经理忙得焦头烂额，这边刚把一肚子恼火的客人安抚完，那边主管又来求救，他就像个消防员一样到处"灭火"，究其原因，主要是近期正值年末宴请的高峰期，餐厅太忙，员工长期高强度的工作导致身心疲惫，已无法保证服务质量，所以客人的投诉越来越多。

分析：随着社会的发展，人们对于餐饮的需求越来越高，餐饮行业得到了迅速的发展，但是也面临着各种各样的问题，如食品安全问题、员工管理问题、商业利益问题等。为了保证客人权益和餐厅的有序经营，餐厅管理人员需要制订科学的餐饮日常管理规定。

一、餐饮设备用品管理

餐厅在日常经营中使用大量的餐具和餐饮设施，合理管理这些物品和设施是保持饮食卫生、减少损耗、提高工作效率的首要条件。

（一）认识各类餐饮用品

餐饮设备、用品包括餐饮装潢设备、家具、针织品、照明电器、空调、餐具、服务用具和厨房用具等。这些设备、用品是保证餐厅营业正常进行的必需物质条件，其能否得到正确的使用与保管，一方面这直接关系到其使用寿命及餐厅的开支；另一方面，可反映出餐厅的服务质量和管理水平。

1.餐厅常用设备

1）餐桌

餐厅所使用的餐桌基本以木质结构为主，其基本形状有正方形、长方形和圆形（图6-1-1）。餐桌的大小要合理，以给予每位就餐者不少于75 cm的边长为宜。

中餐宴会常用圆桌，有些大型宴会的主桌常用长方形的桌子。西餐宴会常用正方桌、长方桌、椭圆桌、圆桌等，也可根据客人的需要拼改异形台，如"一"字台、"U"形台、"T"形台、"工"字台等，异形餐台是用长台、方台等组合而成的。

图6-1-1 圆形餐桌

2）餐椅

（1）木椅：可分为一般木座椅和硬木座椅。木椅的做工要相当精细和考究，可用雕花和贝壳镶嵌作为饰物。硬木椅上一般要放置精美的坐垫，以显示出它的庄严和豪华之感。而配有这种座椅的中式餐厅，在整体布局上都应与传统的中国风格相适应。

（2）钢木结构椅：主要框架为电镀钢管或铝合金管，有圆形管和方形管，又有可折叠与不可折叠之分。它的特点是重量轻、结实，可摞叠在一起，所需存放面积较小，也便于搬动。中西餐厅均可使用。

（3）扶手椅：一般不用于中餐厅，通常档次高的西餐厅使用扶手椅。扶手椅的体积要比木椅宽大些，后靠背宽，弧度略大，坐在上面比木椅舒适。

（4）藤椅：作为餐厅座椅在南方使用居多。藤椅的特点是不怕潮湿，但怕风吹和干燥。藤椅多为扶手椅，一般放置在中餐厅或茶室，特别是夏季使用给人以凉爽的感觉。

（5）宝宝椅（儿童餐椅（图6-1-2））：为了方便带儿童的客人前来就餐，酒店的中、西式餐厅一般都配有专为儿童使用的餐椅。儿童餐椅座高为65 cm，座宽、座深都要比普通餐椅小，但必须带扶手和栏杆，以免儿童由于跌落而受伤。

如何选用餐椅

图6-1-2　儿童餐椅

（6）沙发和茶几：沙发分为单人沙发、双人沙发和组合沙发。休息室使用单人沙发较多，以让人感到舒适、轻松。茶几是一种与沙发配套使用的家具，有木质和不锈钢支架玻璃面两种，茶几的样式可分为方形、长方形、圆形和椭圆形等。

3）工作台

工作台是服务员在用餐期间为客人服务的基本设备，其主要功能是存放开餐服务所需的各种用品，如餐具、调味品以及菜单、餐巾等，是餐厅家具中最重要的组成部分。

各餐厅的工作台样式不尽相同，选用的依据如下：

（1）服务方式和提供的菜品。

（2）使用同一工作台的服务员人数。

（3）一个工作台所对应的餐桌数。

（4）所要放置的餐具数量。

工作台的设计应尽可能小型、灵便，有些工作台的四角下方装有脚轮，以便于在餐厅内移动，体积太大会占去更多的接待客人的场地。台面应该使用防热材料，易于清洗。工作台的材料颜色应该和其他家具颜色相协调。

4）各式服务车

（1）活动服务车（图6-1-3）：此类车用于在客前分菜服务，轻便灵巧，可以在餐厅内灵活地推来推去，亦可用来上菜、收盘，大小和其他功能可根据需要设计，但太大则需较宽的餐厅通道，并占去更多的空间。

图6-1-3　活动服务车

（2）切割车：此类车用于客前切割整个或整块的食品。用酒精炉或交流电加热，切板下是热水箱，每端有一个放置热盆的地方。不要在第一层架子上放置任何物品，多余的餐具、盆子等应放在下面一层。在上酒精炉前，一定要保证水箱里装足热水。

切割车是较贵重的服务工具，一定要及时打扫清洁。清洁时可用擦银粉擦净，并彻底抹掉沾在车内的残屑，以防与食物接触。

（3）开胃品车：此类车用于陈列各种冷的开胃菜，每层可放置少许冰块降温，每餐结束时均要清洁车身和各层菜盘。

（4）奶酪车：此类车上层用于陈列各式奶酪，架子里备有切制工具和备用餐具。餐毕，收起奶酪放入冰箱贮存，擦净车身，铺上干净台布备用。

（5）蛋糕与甜品车：一个经过厨师精心设计布置的甜品车应当是很具有吸引力的，而且无疑会起到促进销售的作用。陈列甜品蛋糕时，最关键的是要保持其新鲜、整洁，应始终保持其夺目光泽。

（6）咖啡和茶水车：这两种车通常用在咖啡厅中，主要在供应下午茶时使用，车内备有供应咖啡和各种名茶的餐具、加热炉等。在准备间将其布置完毕后，要推入餐厅，现场为客人制作饮品。

（7）烈酒车（酒水车）：主要用来陈列和销售开胃酒、各种烈性酒与餐后甜酒，备有相应的酒杯和冰块等，相当于一个餐厅内的流动小酒吧。

（8）送餐车：送餐车是客房送餐服务员运送热菜所用的工具。有些送餐车用插头接通电源来保温。注意装车前必须将车内预热。

5）迎宾台、签到台、指示牌、致辞台

（1）迎宾台（图6-1-4）通常设在餐厅门口的一侧，其高度以迎宾员肘部到地面的距离为准。台面水平放置或略倾斜，台上摆放餐厅客人预订簿和客情资料、电话、插花等。

（2）签到台（用长方形桌）一般设在餐厅的入口处，铺设台布，围上桌裙，上面摆放插花、签到簿、笔等文具用品和有关活动的图文宣传资料。

（3）指示牌是酒店承办的某些大型活动的告示和指南，通常用于大中型的宴请活动、大型会议等。其作用是使参加活动的客人抵店后迅速了解活动的具体举办地点、时间等，以方便客人及时找到自己的位置。

（4）致辞台是为致辞而设置的台子，可以让致辞人更加清晰地看到观众，并与他们进行眼神交流，也可以让观众更加清晰地听到致辞人的声音。

图6-1-4　迎宾台

2. 餐具器皿

餐厅在日常经营中使用大量餐具和餐饮设施，合理管理这些物品和设施是保持饮食卫生、减少耗损、提高工作效率的重要条件。餐厅用具种类繁多，主要有金属餐用具、陶瓷餐用具、玻璃餐用具等。作为餐饮从业人员应熟悉餐厅物品的分类，了解各类物品的用途及保养要求，能够识别餐用具及餐用设备物品。每种餐用具都有自己的特殊用途和保养要求，详见表6-1-1。

表6-1-1　常见餐具、用具保养要求

序号	种类	名称	用途	保养要求
1	金属餐用具	餐刀：头盘刀、鱼刀、正餐刀、牛排刀、黄油刀、甜品刀等	切割、涂抹等	（1）贵重餐用具由专人负责、分类造册、每天清点，而对于贵重餐具和大型宴会银器的领用、归还还有严格的手续。 （2）保持金属餐用具的清洁、光亮，轻拿轻放，分类存放。 （3）用过的银器要洗净并擦亮，还要对银器进行定期的保养
		餐叉：头盘叉、鱼叉、正餐叉、海鲜叉、甜品叉等。	叉取食物	
		餐匙：清汤匙、浓汤匙、甜品匙、咖啡匙、茶匙、冰激凌匙等	搅拌、喝汤、食用甜点等	
		专用餐具：龙虾钳、龙虾叉、龙虾签、蟹钳、蟹叉、蜗牛叉、牡蛎叉等	食用特定食物	
		服务用品：服务叉、服务匙、切肉刀、切肉叉、分汤勺、剔骨钢刀、蛋糕刀、蛋糕托、通心面夹、糕饼夹、冰桶、咖啡壶、保温锅、开瓶器、蜡烛台、大银盘等	提供菜点服务时使用	

序号	种类	名称	用途	保养要求
2	陶瓷餐用具	中餐厅：骨碟、碗、汤匙、味碟、筷架、各式菜碟、汤盅、茶杯、茶壶等 西餐厅：主菜盘、汤盘、汤盅、开胃品盘、甜点盘、面包盘、黄油碟、咖啡杯及碟、糖盅、盐瓶、胡椒瓶、各种特色菜盘等	进餐时使用	（1）按不同种类、规格、型号分别存放。 （2）使用前检查有无破损，如缺口、裂缝等。 （3）及时清洗、消毒后存放，以防止二次污染。 （4）餐后收拾陶瓷餐具要大小分档、叠放有序，搬运时要装稳托平，防止碰撞打碎
3	玻璃餐用具	红酒杯、白酒杯、香槟杯、水杯等	不同酒水搭配不同的杯子	（1）先用冷水浸泡，除去酒味后再洗涤消毒。 （2）擦杯时用干净软布，力度适当，手不得直接接触杯身。 （3）运送及取用时用托盘，不可叠放，握住杯柄或杯子的下半部。 （4）摆台时仔细检查杯子的完好程度，从而保证客人的安全
4	托盘	木质托盘、金属托盘、塑料托盘	运送各种物品	（1）托盘的选择要与所托载的物品大小、重量等相称。 （2）托盘不使用时，放在指定位置上，不可随处搁置。 （3）要时刻保持托盘的清洁卫生。 （4）营业结束后，托盘统一收齐交后勤清洗、消毒、保管。 （5）根据托盘的材质定期进行保养

3. 布件

餐厅布件包括台布、装饰布、桌裙、餐巾、服务巾、托盘垫巾、椅套、窗帘等。台布、装饰布、桌裙用来装饰餐台，而餐巾是客人用餐时的清洁方巾，也可装饰美化台面。

布件是管理费用中比较大的一项开支，加强对布件的控制具有重要意义。一般酒店的做法是采用一定数目库存、相同数目换洗的方法。其初始领用数目由部门负责人根据实际接待需要填写领料单，从布草房领取。

布件应根据规格分别堆放在货架上，将叠转的一面朝外，以便清点和补充。如果它们不是储存在柜橱当中，要用布盖上以免落上灰尘。

选用何种质地、品牌、颜色、品位的布件必须考虑餐厅的等级、客人的类型、环境气氛以及布件的耐用率、清洗的难易程度、成本控制因素和以菜单为根据制订的服务方式等。餐厅内的布件根据具体用途可分为若干类。

（1）台布（Table Cloth）

内容详见主题1学习任务4餐台布置基础知识。

（2）装饰布（Top Cloth）

装饰布是指斜着铺盖在正常台布上的附加布巾，其规格一般为100 cm×100 cm或大小与台布相适应。对于由正方形桌面拼接成的长方形桌必须加铺首尾相连的数块装饰布。圆桌装饰布规格与台布规格相当，覆盖整个台面，铺设角度与台布相错或四边平均下垂贴于桌裙前。装饰布的颜色宜与台布的颜色形成鲜明的对比，除可以装饰、美化台面、烘托餐厅气氛外，还能保持台布的清洁。

（3）餐巾（Napkin）

餐巾也称为口布，是餐桌上的保洁布件用品。餐巾的规格不尽相同，边长为50～65 cm的餐巾最为适宜。餐巾的颜色可根据餐厅和台布布置装饰的主色调选用，力求和谐统一。

（4）桌裙（Table Skirt）

高档豪华宴会的餐桌、服务桌、展示台等必须围设桌裙。具体的方法是：铺好台布后，沿桌子的边缘按顺时针方向将桌裙用大头针、尼龙搭扣或揿钮式夹固定。桌裙款式风格各异，裙褶主要有三种类型，即波浪形、手风琴褶形和盒形，较为华贵的桌裙还附加不同类型的装饰布件（如印花边或短帷幔，这两种装饰布件又可细分为体现不同国家和民族特色的类型）。桌裙及其布件属于高档布件，由于桌裙较长，为了避免褶皱，在不使用时，应取下大头针或夹扣，洗涤后沿桌裙的边缘整齐小心地以一定的宽度折拢，然后用专用的桌裙架挂在通风处。

布件在餐饮服务中发挥重要作用，应正确地使用及保养，在使用时应轮换使用，按尺寸大小分类码放在相对固定的位置上，方便取用和清点。使用过的台布要抖去残羹杂物后放在布件车内，小布件送洗前或领回后要认真清点并填好有关表格。不得用台布、餐巾等客用布件擦桌子、抹转台，不得用餐巾代替服务巾。

（二）餐饮用品的管理

餐饮设备、用品属于餐饮部硬件范畴之一，餐饮设备、用品管理的好坏直接影响餐饮经营的档次及经济效益。

1. 餐具洗涤

餐具洗涤是餐饮设备用品管理的主要日常工作，下面重点介绍洗碗机洗涤餐具的步骤。

（1）收盘

此项工作由餐厅服务员负责。脏餐具用托盘或手推车运送到洗碗间并分类摆放，以避免破损。

（2）倒刮、分类装架

洗碗间操作台备有垃圾桶，管事部洗碗工应及时将脏餐具里的剩物倒至垃圾桶中，倒刮要干净彻底，并将餐具分类装入相应的管架里。注意检查是否有小件餐具夹杂其中，同时注意操作要轻，以免损坏餐具。

分类是指将各种餐具用品根据其规格型号进行区别，如同一型号和式样的盘子、杯子等应放在一起，而不同型号和式样的应分开摆放。

装架在大型洗碗机设备中是相当重要的。机器容量不足会使机器空转，造成浪费，太多又影响洗涤质量。分类装架使洗碗机容量得当，如避免大盘遮挡小盘，杯子、碗和其他凹形餐具应倒装在平底的筐架上，刀、叉、勺等金属餐具应分类装入插筒，这样可保证洗涤质量。

（3）冲刷

将所有餐具装架后入洗碗机之前应用专设的高压龙头冲刷，水温不要太高，在筐架的底部开口以使被冲下的污物流到下面冲刷池里的活动垃圾桶里，这些垃圾桶应当便于清洗、拆卸。

（4）清洗

在清洗过程中，洗涤架受到来自上、下方热清洁剂溶液的来回循环冲洗，并在同一个或分开的槽中经清洁剂溶液来回洗刷，然后经干净热水的冲刷后脱水。清洗过程有手工、半机械化或全部机械化操作。全自动的操作，只需将脏餐具插入筐架，其余均由机器自行完成。最后，将洗净的餐具卸装即可。

（5）卸架、分类存放

为了保持卸架时的卫生，必须强调操作个人卫生。在可能的情况下，装架和存放人员应分工，接触干净餐具的人员最好戴消过毒的手套。

一般要求卸架场所具有一定的空间，可摆两筐以上的餐具，以便在分类卸下第一筐时，使另一筐能够风干。存放时要注意分类，即根据其类型、规格和用途的不同，将它们分别放置在不同的餐具架上。

2. 餐具的消毒方法

餐具在洗碗机中清洗时进行高温消毒。手工洗涤的餐则有以下几种消毒方法。

（1）煮沸消毒法

将餐具放入网篮中，煮沸 20 ～ 30 min。

（2）蒸汽消毒法

将洗净的餐具放入消毒柜中，关严柜门后开放蒸汽。当温度升到 120℃时，只需要蒸 12 min 就可以达到消毒的目的。

（3）高锰酸钾溶液消毒法

将洗净的餐具放入 0.1% 高锰酸钾溶液中浸泡 10 min。

（4）漂白粉消毒法

用 5 g 漂白粉加 1 kg 温水充分搅拌成 0.2% 的溶液，将洗净的餐具放入溶液中浸泡 5 ～ 10 min，即可达到消毒的目的。

（5）红外线消毒法

使用红外线消毒箱是目前常见的一种餐具消毒方法。消毒时，要求箱里温度达到 120℃，并持续 30 min。消毒后的餐具可存放在柜内，待用前再取出。

（6）84 消毒液消毒法

84 消毒液是目前使用方便、消毒效果最佳的消毒品。使用时，将洗净后的食品容器、加工工具、餐具和瓜果蔬菜放入按 1 ∶ 200 配制好的药液中浸泡 5 min，再用清水冲洗干净。

3. 餐厅家具的使用与保养

（1）严防受潮和曝晒。

（2）定期上蜡抛光。

（3）注意调节室内空气，适时通风。

（4）注意巧搬、轻放。

4. 布件和地毯的正确使用与保养

（1）布件

布件一定要及时清洗、勤于清点、妥善保管，切忌以台布当包裹布在地板上拖。换下来的潮湿布件应及时送洗，如来不及送，应晾干过夜。晚餐和宴会后换下的台布要抖去残羹杂物，放在布件车内过夜，以防虫鼠叮咬，第二天清晨立即送洗衣房。要注意将布件轮换使用，这样能减轻布件的破损，也可避免由于久放而发脆。

（2）地毯

地毯的使用与保养要求很高。每天要用吸尘器清除废物纸屑、吸掉灰尘，保持清洁。如果发现地毯上有痰迹、墨迹，应及时用少许肥皂水揩擦干净，晾干。有油迹的地方，可用汽油揩擦。收藏地毯时，必须先去掉灰尘、洗刷干净，并放一些樟脑丸，卷成圆筒形，两端用纸包好，储藏在干燥、通风的地方，防止虫蛀、霉烂。另外，要定期用洗地毯机彻底清洁地毯。

无人餐厅

5. 餐厅服务车的正确使用与保养

（1）餐车在使用时不能装载过重的物品，应坚持专车专用的原则。

（2）餐车车轮较小，在使用时，推车速度不能过快。

（3）每次使用餐车后，一定要用带洗涤剂的布巾认真擦洗。

二、餐饮员工管理

餐饮员工管理的主要内容包括定额定员、员工激励与培训、合理安排班次和日常考核等。

（一）定额员工

劳动定额是给岗位人员核定工作量标准，是餐饮管理的基础工作，是编制定员的依据；定员是餐饮部在确定岗位和劳动定额的基础上，核定人员的工作。

定额定员是由酒店总经理授权人事、财务、业务部门协助开展调研、拟订方案、征求意见，经试点和筛选，才在各部门实施的。定额定员应根据餐厅的经营服务方式、设备条件、营业时间、人员业务技术状况的不同情况，采用不同方法和标准进行。

1. 按劳动效率定额定员

餐饮服务有劳动密集的特点，我国酒店餐厅中常见的服务形式为共餐式、分餐式、分派式、现场烹饪等，定额定员工作常将定额和定员相结合，按劳动效率来核定，具体做法如下。

（1）零点餐厅定员

5张方桌20人就餐，以及2张圆桌20人至4张圆桌40人就餐均配1名服务员。

（2）宴会厅定员

高级宴会1张圆桌10位客人，配2～3名服务员；非高级但要斟酒、派菜的宴会，1张圆桌10位客人，配1名服务员；不派酒菜的宴会，2张圆桌20位客人，也配1名服务员。接下来，再根据餐厅的接待量和排班方法，核定一个班次和两班倒所需要的服务员数量。

2. 按比例定员

按酒店等级、规模定员，按全员量定工种、岗位的人员数量。例如，某酒店客房600间，按每间客房配备人员1∶1.2至1∶1.8，酒店全员定额为1 000人左右。另外，酒店又按餐饮部人员可占酒店全员比例的幅度，给餐饮部400人的人员定额指标。再按400人左右确定配员，服务员和厨师与行政管理人员的比例是10∶1，餐厅人员与厨房人员的比例是1∶1，炉灶与切配人员的比例是4∶1，点心与冷菜工种人员的比例是1∶1。但按比例定员的方法只能给酒店餐饮部配员一个框架，具体配员时还要考虑劳动效率、餐饮部规模、不同岗位设备设施情况等因素。

（二）员工激励与培训

随着就餐观念的变化，如今人们越来越重视餐厅的服务水平，甚至把服务水平的高低作为选择餐馆的重要依据。因此，提升服务水平是使酒店投入少、见效快的主要手段。提升服务水平的主要手段有激励和培训等。

1. 激励

美国管理学家贝雷尔森（Berelson）和斯坦尼尔（Steiner）给激励下了如下定义："一切内心要争取的条件、希望、愿望、动力都构成了对人的激励——它是人类活动的一种内心状态。"

有效的激励可以点燃员工的工作激情，使他们的工作动机更加强烈，服务自然就会更加主动、周到、热情。常见的激励手段一般有物质激励和精神激励。

1）物质激励

物质激励是指通过合理的分配方式，将员工的工作绩效与报酬挂钩，再通过分配量上的差异作为酬劳或奖励，并以此来满足员工对物质条件的需求，进而激发员工更大的工作积极性。在当前物质条件并没有十分充足的情况下，物质激励还是很有效的，但要注意把物质奖励和员工的工作成绩、工作表现以及努力程度结合起来，而不能搞平均主义，否则会使物质奖励失去应有的激励作用。

（1）基本收入激励：它是员工生活费用的基本来源。利用工资作为激励的方式有两种：一是用工资来反映员工的贡献大小、业务水平的高低，鼓励员工以多贡献和钻研业务来取得相应的报酬；二是改革工资制度，用工资晋级择优原则、浮动工资等作为激励的手段。

（2）奖金激励：从理论上讲，奖金是超额劳动的报酬。但在现实中，许多企业将奖金变成了工资附加部分，没有起到"对在工作上具有倡导和鼓励价值的表现予以额外奖励"的作用。奖金应该是组织对符合企业倡导精神的员工的一种奖励方式。利用奖金激励时要注意：奖金的多少，并不在于物质上、经济上的制约，重要的是心理上的提示作用，即从人的自尊需求层次上起激励作用。

（3）福利激励：企业负担员工工作之外的基本生活设施的建设，如住房补贴等。对于在职工福利设施、社会保险、公费医疗等未实现社会化的当前和将来相当长的时期内，一些大型福利项目（如住房补贴、奖励旅游等）仍然作为激励手段被企业广泛采用。

（4）其他物质激励：对有创造发明、重大贡献或在一定时期内成绩突出、弥补或避免了重大经济损失的员工，除了以上物质激励的手段外，还可以给予数额较高的奖金或价值较高的实物激励。

2）精神激励

人的精神活动非常独特，除了生存必不可少的物质需求外，还有尊重需要和自我实现的需要。做好员工的精神激励是使员工热爱团队、激发工作积极性的重要措施。

（1）需要激励：需要激励是酒店中应用最普遍的一种激励方式。其理论基础是美国心理学家马斯洛的需要层次理论。餐饮管理者要按照每名员工对不同层次需求追求的状况，并选用适当的动力因素来激励。

（2）目标激励：目标激励是指餐饮管理者通过确立一定的目标，使员工在完成目标的过程中发挥自己的潜力，并实现自己的个人目标。如果餐饮部目标与员工个人的目标方向一致，员工必然为达到餐饮部目标而努力工作。因此在确定目标时，管理者应注意所设定目标的难度与期望值，目标过高或过低都会降低员工的积极性。

（3）情感激励：人对事物的认识和行动都是在情感的影响下而完成的。情感激励是针对人的行为最直接的激励方式。情感激励的正效应可以使员工自觉地努力工作，而负效应则会大大地影响员工的工作情绪。情感激励的关键是管理者要自己的真诚打动员工。

2. 培训

和其他行业一样，酒店业的竞争也是人才的竞争。餐饮部要想在市场竞争中取得成功，就必须在人才培训上取得明显优势。餐厅能否为客人提供一流的服务，关键在于服务人员的素质。许多酒店把提高员工个人素质进而提高企业素质作为培训的根本目标，因此，不惜花费大量人力、物力、财力来培训各层次的员工。

1）培训工作的形式

培训工作是饭店的一项持续不断的重要工作，它是培养人才、提高酒店管理水平和服务水平的有效办法。饭店人力资源培训的形式有以下几种：

（1）入职培训：新员工在上岗前必须进行的培训。这是员工受聘后的第一课，通常由酒店人力资源部负责培训，时间根据具体情况可长可短，以 7 ~ 10 天不等。培训主要的内容有职业素养、礼貌礼节、饭店和餐厅的概况、规章制度、工作环境和生活设施介绍等。新员工的入职培训让他们在短时间内适应工作环境并产生归属感。

（2）在岗培训：在岗培训是指在职员工以提高本岗位工作能力的、不脱产的培训活动。餐饮部员工经过岗前培训并经考核合格上岗后，虽已具备了独自顶岗工作的能力，但还需要不断接受培训。另外酒店新的政策和新设备的使用也需要对员工进行培训。

（3）转岗培训：转岗培训是指因工作需要或其他原因将餐饮员工从一个岗位转向另一个岗位，为使转岗人员尽快适应新的工作环境，取得新的岗位资格所进行的培训活动。对转岗人员的培训，要根据转岗人员的具体情况而定。有的则需要进行全方位的系统培训，而有的则需要在某一方面进行培训。

（4）晋级培训：晋级培训是指餐饮员工晋升到更高职位前而进行的培训活动。一般新晋升的职位与原岗位应有内在的联系，因此对其培训是在原有水平上的提高。如果所晋升的职位和原岗位不属于同一系列，应该对其进行转岗的晋升培训。

（5）脱产培训：脱产培训是指让部分员工暂时离开工作岗位，就某个专题，有计划有系统地进行培训，多用于在职管理人员和有潜质员工的培养。

（6）其他培训形式：如根据需要采取的开业前的集中培训、外出考察体验、补救性培训和专家讲座授课等。

2）培训工作的基本程序

（1）进行调查分析，确定培训需求。

（2）制订培训计划（确立培训目标、学习形式、课程安排、时间分配、培训控制措施、考核评估方法、培训经费预算等）。

（3）实施培训计划。

（4）进行培训监督。

（5）进行考核评估。

（6）总结、记录、报告培训结果。

（7）按以上程序循环并进行下一轮培训工作。

3）培训工作的基本内容

（1）思想品德与职业道德。

（2）酒店业和餐饮业的基本概念。

（3）餐饮专业知识，包括食品、饮料、烹调、营养与食品卫生、餐具设备知识等。

（4）餐饮服务人员的素质要求包括礼节礼貌、修养水平、文明程度、应变能力等。

（5）外语、普通话和语言技巧。

（6）员工守则、岗位职责、操作规范、职业习惯。

（7）处理客人投诉，解答问题，进行案例分析。

（8）酒店安全设备、器具、工具的使用方法和维修保养知识。

（9）法律知识、社交知识、心理学知识。

（10）民俗、生活常识及人际关系等。

餐厅常见服务班次表

（三）合理安排班次和日常考核

合理安排班次及日常考核是餐饮部员工管理的主要任务，餐饮部作为酒店用工量最大的部门，在员工日常管理工作中应科学有效、合理协调，既要体现出员工的个人价值，还要为酒店创造更高的效益。

1. 安排班次

餐饮部因工种多，岗位差异大，班次安排就必须适应营业需要。餐饮部经理要考虑"闲时少留人，忙时人手足"。餐饮部的班次安排，由于所处地区不同，营业时间长短有别，形式很多，常见的有一班制、半班制、二班制、三班制和弹性工作制等。

在安排餐厅服务班次时，必须遵循以下原则。

（1）班次安排必须保证能够满足餐厅经营与服务的需要，确保营业的高峰时间，前、后台工作人员最多。在营业量最大时间段，服务员和领班等人数也最多。同样，在安排每周轮休或年假时，应按相同的原则合理编排。

（2）要针对不同餐厅的经营特点，合理科学地安排班次。一般来说，中餐厅采用间隔班制的较多；咖啡厅则多采用两班制，另加少量的间隔班；酒吧多采用一班制（晚间营业的酒吧）。

（3）班次安排既要最大限度地发挥全体员工的潜力，保证满负荷地运转，又要考虑员工的承受能力和客观困难，关心并保护员工的身体健康。

2. 员工日常考核

日常考核的目的是检验培训效果、检查员工绩效和促进员工学习业务技术的一个行之有效的手段和方法，也是使各项质量和数量标准得以实施的可靠保证。

餐厅基层管理人员要善于运用各种力量开展日常考核。餐饮部经理除通过制度进行日常考核外，常组成检查小组，分餐厅、厨房进行自查或对口检查；或请酒店质量检查小组进行暗查或突击检查。经理应争取做到现场办公，掌握厨师长、餐厅经理的管理实况进行绩效评估。

餐厅管理人员应积极采取措施，把日常考核与奖惩结合起来。

喜达屋关爱员工计划

三、餐饮服务质量管理

酒店之间的竞争从本质上讲是服务质量的竞争，服务质量是酒店生存与发展的基础。因此，不断提高酒店的服务质量、以质量求效益是每一家酒店发展的必经之路。而随着餐饮行业竞争的日趋激烈，客人对餐饮服务质量的要求越来越高，酒店的餐饮部必须不断探索提高和完善自身服务质量的途径和方法，以取得良好的社会效益和经济效益。

（一）餐饮服务质量管理的内容

1. 餐饮服务质量的含义

餐饮服务质量是指餐饮部以其所拥有的设备设施为依托，为客人提供的服务适合和满足客人生理和心理需求的程度。适合是指餐饮部为客人提供服务的使用价值能否为客人所接受和喜爱；满足是指该种使用价值能否为客人带来身心愉悦和享受。

2. 餐饮服务质量的内容

餐饮服务是有形产品和无形劳务的有机结合，餐饮服务质量则是有形产品质量和无形产品质量的完美统一，它们共同构成了完整的餐饮服务质量内容。有形产品质量和无形劳务质量都是为了提高客人的满意程度，其主要取决于餐饮服务的内容是否适合和满足客人的需要，是否为客人带来享受感。

1）有形产品质量

有形产品质量是指餐饮部提供的设备设施和实物产品以及服务环境的质量，主要用来满足客人物质上的需求。

（1）餐饮设备设施的质量。餐饮部是凭借其设备设施来为客人提供服务的。所以，餐饮设备设施是餐饮部赖以生存的基础，是餐饮劳务服务的依托，它反映出该餐厅的接待能力。同时，餐饮设备设施质量也是服务质量的基础和重要组成部分，是餐饮服务质量高低的决定性因素之一。餐饮设备设施包括客用设备设施和供应用设备设施。

（2）餐饮实物产品质量。

餐饮实物产品可直接满足餐饮客人的物质消费需要，其质量高低也是影响客人满意程度的一个重要因素。餐饮实物产品质量通常包括以下几方面内容。

①菜点酒水质量。餐饮管理者必须认识到饮食在客人的心目中占有的重要位置，以及不同客人对饮食的不同要求。另外，餐饮部还必须保证饮食产品的安全卫生。

②客用品质量。客用品是指餐饮服务过程中直接供客人消费的各种生活用品，包括一次性消耗品（如牙签等）和重复性消耗品（如棉织品、餐具、酒具等）。客用品质量应与酒店星级相适应，避免提供劣质客用品。餐饮部提供的客用品数量应充裕，能够满足客人需求，而且供应要及时。另外，餐饮部还必须保证所提供客用品的安全与卫生。

③服务用品质量。服务用品是指餐饮部在提供服务过程中供服务人员使用的各种用品，如托盘等。它是提高劳动效率、满足客人需求的前提，也是提供优质服务的必要条件。服务用品质量要求品种齐全、数量充裕、性能优良、使用方便、安全卫生等。

④服务环境质量。服务环境质量就是指餐厅环境给客人带来的精神上的享受和心理上的满足。主要包括彰显特色、令人舒适的餐厅建筑和装饰，洁净无尘、温度适宜的餐饮环境和仪表端庄大方的餐饮服务人员，所有这些构成餐饮部所特有的环境氛围。它在满足客人物质需求的同时，又能满足其对于精神享受的需要。

2）无形产品质量

无形产品质量是指餐饮部提供的劳务服务的质量，主要是满足客人心理上、精神上的需求。它主要包括以下几个方面。

（1）礼节礼貌：是以一定的形式通过信息传输向对方表示尊重、谦虚、欢迎、友好等态度的一种方式。礼节偏重于仪式，礼貌偏重于语言行动，它表明了餐饮部的基本态度和意愿。餐饮礼节礼貌主要要求服务人员具有端庄的仪表仪容、文雅的语言谈吐、得体的行为举止等。

（2）职业道德：在对客服务的过程中，客人体验是否满意实际上取决于服务者的职业素养和职业精神，因此，遵守职业道德也是餐饮服务质量的最基本构成之一。作为酒店餐饮员工，应遵循"热情友好，客人至上；真诚公道，信誉第一；优质服务，文明礼貌；不卑不亢，一视同仁；团结协作，顾全大局；遵纪守法，廉洁奉公"的职业道德规范。

（3）服务态度：是指餐饮服务人员在对客服务过程中所体现出来的服务状态，是客人能够直观感受到的，服务态度的优劣是客人体验感欠佳的主要原因。餐饮服务人员应树立"客人至上"的服务理念，并能够主动、热情、耐心、周到地为客人提供服务。当客人体验服务过程中出现问题之时，服务态度常常能成为解决问题的关键，客人往往会因为服务态度优质而原谅工作中的小过错，但不能忍受餐饮服务人员恶劣的服务态度。因此，服务态度是无形产品质量的关键，会直接影响到餐饮服务质量。

（4）服务技能：是指餐饮服务人员在为不同的客人提供服务时，能适应具体情况而灵活恰当地运用其操作方法和职业技能以取得最佳的服务效果，从而所显现出的技巧和能力。服务技能的水平取决于服务人员的专业知识和操作技巧，作业餐饮服务人员要掌握丰富的专业知识，娴熟的操作技能，并能根据具体情况灵活运用，从而给客人带来美好的服务体验。

（5）服务效率：是指在服务过程中的时间概念的快慢和工作节奏的高低，应根据客人的实际需要灵活掌握，要求在客人最需要某项服务之前及时满足客人的需求。如办理结账手续不超过 3 min，接听电话铃响不超过三声等。服务效率问题在餐饮工作中大量存在，若使客人等候时间过长，很容易让客人产生烦躁心理，并会引起不安定感，进而直接影响着客人对餐饮部的印象和对服务质量的评价。但服务效率并非仅指快速，而是强调适时服务。

（6）安全卫生：主要包括餐饮部各区域的清洁卫生、食品饮料卫生、用品卫生、个人卫生等。餐饮清洁卫生直接影响客人的身心健康，是优质服务的基本保证，所以必须加强管理。安全卫生也是客人最为关注的服务内容。

3.餐饮服务质量管理的特点

餐饮服务是一种人对人、面对面的服务形式，其服务的特点以及餐饮服务质量特殊的构成内容使其质量内涵与其他企业有着极大的差异。为了更好地实施对餐饮服务质量的管理，管理者必须正确认识并掌握餐饮服务质量的特点。

（1）餐饮服务质量构成的综合性

餐饮服务质量的构成内容既包括有形的设备设施质量、服务环境质量、实物产品质量，又包括无形的劳务服务质量等多种因素。其中，设备设施、实物产品是餐饮服务质量的基础，服务环境、劳务服务是表现形式，而客人满意程度则是所有服务质量优劣的最终体现。

（2）餐饮服务质量评价的主观性

餐饮服务质量的评价是由客人享受服务后根据其物质和心理满足程度进行的评价，带有很强的个人主观性。客人的满意程度越高，对服务质量的评价也就越高；反之，则越低。餐饮管理者无法要求客人必须对餐饮服务质量做出与客观实际相统一的评价，更不应指责客人对餐饮服务质量提出的问题。作为餐饮管理者，应了解并掌握客人的物质和心理需求，不断改善对客服务，为客人提供有针对性的个性化服务，用符合客人本身需求的服务来提升客人的满意程度，从而提升并保持餐饮服务质量。

（3）餐饮服务质量显现的短暂性

餐饮服务质量是由内容不同的具体服务组成的，而每一次具体服务的使用价值均只有短暂的显现时间，即使用价值的一次性，如微笑问好、拉椅入座、服务点菜等。这类具体服务无法储存，因此，餐饮服务质量的显现是短暂的。餐饮管理者应督导员工做好每一次对客服务工作，争取使每一次服务都能让客人感到非常满意，从而提高餐饮整体服务质量。

（4）餐饮服务质量内容的关联性

客人对餐饮服务质量的印象，是通过他进入餐厅直至他离开餐厅的全过程而形成的。在此过程中，客人得到的是各部门员工提供的一次又一次具体的服务活动，但这些具体的服务活动不是孤立的，而是有着密切关联的。因此，在餐饮服务质量管理中有一个流行公式：100-1=0，即100次服务中只要有1次不能令客人满意，客人就会全盘否定以前的99次优质服务，也必然会影响餐饮部的声誉。这就要求餐饮各部门、各服务过程、各服务环节之间协作配合，确保餐饮服务全过程和全方位的"零缺点"。

（5）餐饮服务质量对员工素质的依赖性

餐饮产品生产、销售、消费同时性的特点决定了餐饮服务质量与餐饮服务人员表现的直接关联性。餐饮服务质量是在有形产品的基础上通过员工的劳务服务创造并表现出来的，这种创造和表现能否满足客人需要取决于服务人员的素质高低和管理者的管理水平高低。所以，餐饮服务质量对员工素质有较强的依赖性。

（6）餐饮服务质量的情感性

餐饮服务质量还取决于客人与餐饮部之间的关系。如果关系融洽，客人就比较容易谅解餐饮部的难处和过错，而关系不和谐，则很容易使客人小题大做或借题发挥。因此，餐饮部与客人间关系的融洽程度直接影响着客人对餐饮服务质量的评价，这就是餐饮服务质量的情感性特点。

（二）餐饮服务质量的控制

餐饮部应首先建立能确保餐厅服务质量的组织并明确权限与职责，分析服务关键时刻，建立适合、适度的服务质量标准；同时，还要推行服务质量保证制度，全方位调动员工积极性和培养全员服务质量意识，在规范服务基础上满足客人的个性需求。

1.餐饮服务质量控制的基本条件

（1）建立餐饮服务的标准规范。

（2）抓好员工的培训工作。

（3）收集质量信息。

2.餐饮服务质量控制的主要内容

餐饮服务质量是餐饮部生存和发展的基础。要提高餐饮服务质量，就必须加强服务质量控制，积极做好服务质量的预先控制、现场控制和反馈控制。

（1）服务质量的预先控制

建立确保餐厅服务质量的组织，明确餐厅各级人员的权限与职责，并执行服务质量保证制度，如奖惩，确保各尽其职。全员服务质量意识强，主动积极地为客人提供规范化和个性化的服务。

（2）服务质量的现场控制

现场控制是指餐厅经理或主管、领班对服务过程进行监管控制，内容是做好人力调配、服务关键时刻补位、与客人交流沟通、服务节奏掌控和客人投诉及突发事件的处理等，确保让客人满意加惊喜的消费体验。

（3）服务质量的反馈控制

反馈控制就是通过质量信息的反馈，找出质量差异及其产生的原因，提出有效的改进措施，避免同样的过错再次出现，确保餐饮服务质量管理工作的良性循环。

测试题

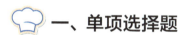 **一、单项选择题**

1.（　）应根据餐厅的经营服务方式、设备条件、营业时间、人员业务技术状况的不同情况，采用不同方法和标准进行。

A. 定额定员　　　　B. 员工招聘　　　　C. 员工培训　　　　D. 因人设岗

2. 培训工作是酒店的一项持续不断的重要工作，它是培养人才、提高饭店管理水平和服务水平的有效办法。以下对于酒店人力资源培训形式的说法中正确的选项是（　）。

①入职培训；②在岗培训；③转岗培训；④晋级培训；⑤脱产培训；⑥其他培训形式

A. ③④⑤⑥　　　　B. ①②③④　　　　C. ②③④⑤　　　　D. ①②③④⑤⑥

3. 餐饮服务是一种人对人、面对面的服务形式，其服务的特点以及餐饮服务质量特殊的构成内容使其质量内涵与其他企业有着极大的差异。人们常用"一个独立的小社会"来说明餐饮服务质量的内容构成所具有的极强的（　）。

A. 综合性　　　　B. 关联性　　　　C. 主动性　　　　D. 依赖性

4.（　）是指餐饮服务人员在对客服务过程中所体现出来的服务状态，是客人直观感受到的，它的优劣是客人体验感欠佳的主要原因。

A. 服务技能　　　　B. 职业道德　　　　C. 礼节礼貌　　　　D. 服务态度

5. 在餐饮服务质量管理中有一个流行公式：100−1=0，即 100 次服务中只要有 1 次不能令客人满意，客人就会全盘否定以前的 99 次优质服务，从而影响餐饮部的声誉。体现了餐饮服务质量内容构成具有（　）。

A. 综合性　　　　B. 关联性　　　　C. 主动性　　　　D. 依赖性

6.84 消毒液是目前使用方便、消毒效果最佳的消毒品。使用时，将洗净后的食品容器、加工工具、餐具和瓜果蔬菜放入按（　）配制好的药液中浸泡 5 min，再用清水冲洗干净即可。

A.1：100　　　　　　B.1：2 000　　　　　　C.1：300　　　　　　D.1：200

 ## 二、简答题

1. 简述餐具洗涤的程序。
2. 玻璃器皿使用的注意事项和保养方法有哪些？
3. 餐厅中常见的消毒方法有哪些？
4. 管理餐饮员工时常用的激励手段有哪几种？
5. 试述餐饮员工培训的必要性和意义。
6. 餐饮培训工作的基本流程及内容是什么？
7. 简述餐饮服务质量的内容。
8. 餐饮服务质量的特点主要有哪些？
9. 简述餐饮服务质量控制的内容，说明服务质量控制的 3 个环节的主要内容。

 ## 三、案例分析题

小小咸菜

一天晚上，餐厅包间内有一场家宴正在进行。在祥和的气氛中，服务员小李看到一位老先生正在不停地用小勺翻搅着碗中的稀饭，对着餐桌上丰盛的鸡鸭鱼肉直摇头。这是怎么回事呢？是我们的饭菜不合口味？不对呀，其他客人正吃得津津有味呢！小李灵机一动，到后厨为老先生端上一小碟咸菜——榨菜丝。当小李把榨菜丝端上餐桌后，老先生眼前一亮，对着小李不停地称赞："小姑娘，你可真细心，能够看出我对咸菜的兴趣，不简单！"老先生的老伴高兴地说："这儿的服务跟其他地方的就是不一样，我们没说到的，小姑娘都能想到、做到，今后有时间，我们会经常到你们这里来！"

请分析：在本案例中，客人为什么对服务员小李赞不绝口，并提出会经常光顾这家餐厅的。

 ## 四、论述题

××星级酒店员工李芳，任职于人力资源部，负责员工培训事宜。近日，酒店招聘了15名刚毕业的大学生，分别就职于酒店餐饮部、客房部、前厅部和厨房部。李芳近日开始忙碌起来，正在拟定培训计划及安排培训事宜，准备为这批新员工进行入职培训。

请分析：本次培训任务的培训计划应该涉及哪些内容，将要如何实施呢？

学习任务2 客人异议处理

情境导入

一天，王先生带客人到餐厅就餐，点完菜后他们边吃边谈，席间上了一份三鲜锅巴。15分钟后主人请客人品尝此菜，客人刚吃了一口，就生气地对服务员说："这是什么味道，像煮烂的一盘粥。"王先生也愤怒地指责服务员没有及时提醒菜肴要即时吃，服务员与客人争执一番后，遭到了投诉。服务员立即向餐厅经理汇报了此情况，经理亲自为客人送上果盘并赔礼道歉，但客人仍不悦地结账离去。

分析：服务员在对客人服务过程中，应严格按照操作规范进行服务，尽全力把工作做得细致些，如果在上三鲜锅巴时，能够主动向客人介绍菜肴的特性，并提醒客人要立即食用，那么客人的投诉应该可以得到避免。

一、客人投诉处理

每位餐饮业的工作人员都希望向客人提供完美服务，但也难免因工作上的差错或误解而引起客人投诉。投诉说明我们酒店餐厅有需要改进的地方，餐厅中出现投诉也是正常的，我们清楚客人来酒店就餐是在支持我们，引起客人投诉是给酒店纠正错误、提高服务质量的机会。只要合理解决投诉，就不会对餐厅产生过多影响，所以，服务员要机智化解投诉，减少投诉。

1. 礼貌道歉

客人在餐厅就餐，却得到了不愉快的体验，所以要主动先向客人道歉，安抚客人情绪。同时要表明主动、关心、友善、努力为他解决问题的态度。

2. 认真倾听

遇到客人投诉，我们要把它当作一种机遇和挑战，耐心倾听完客人所抱怨事件的原因，不要去打断客人，更不要急于反驳，让客人通过描述来平静心情。

3. 达成共情

站在客人的立场，设身处地地为客人着想。如在语言上可以表达："先生 / 女士，您是长期支持我们的老顾客，不好意思，我们出现这样的失误，太抱歉了！请您不要着急，我们非常理解您的心情，我们一定会尽全力解决，给您一个满意的答复！"

4. 共同协商

站在客观的立场分析问题出现的原因，听取客人的建议，跟客人共同商议解决的方案，以求双方能尽快达成共识，而不要过多辩解，让客人觉得酒店是在推卸责任。

5. 解决问题

协商达成共识以后，一定要立即执行解决方案，给客人一个满意的答复。待问题解决后，应再次向客人致歉。

6. 弥补措施

感谢客人反映的问题和建议，除了让客人感到我们的感同身受和对他们的重视外，还应在客人用餐过程中更加主动、热情、耐心的服务。还可通过"折、免、退、送、换"的补偿方式来使双方关系融洽，防止客户流失。

7. 记录经过

详细地记录投诉事件的原因，处理的经过、结果，总结经验，分清责任，避免类似事件再次发生。

二、餐饮服务中常见问题的处理

1. 客人在饭菜中吃出杂物

（1）以最诚恳的语言向客人表示歉意。

（2）安抚客人并尽量减少对其他客人的影响。

（3）按客人要求重新制作或退掉此菜，如果重新制作此菜必须等到新制作的菜上桌后，再将原菜撤回厨房，以免引起客人的误会。

（4）必要时，通知领班或主管以其他方式，如送果盘、折扣等方式，以示补偿。

2. 客人反映上菜速度很慢，要求取消所点食物

（1）仔细检查点菜单，确认是否漏写。若漏写，向客人表示歉意，同时做出解释说明，并立即下单通知厨房做菜。

（2）如果不是点菜环节的问题，服务员则要到厨房了解菜肴的烹制情况。若正在烹调的话，则回复客人"稍等"，告知其确切上菜时间；若还没有烹调，就要通知厨房取消制作，并回复客人，然后通知餐厅取消该菜品。

（3）在点菜时，不仅应向客人介绍菜肴，还应告知烹调时间，避免客人因等待时间较长而出现投诉的情况。

3. 餐厅出现客人跑单

（1）服务员要特别留意单个客人和快要用餐结束的客人，以避免出现跑账现象。

（2）若客人还未离开餐厅，服务员赶紧上前，对客人说："对不起，刚才我忘记给您结账了。"把客人想跑账的责任承担下来，是"我忘记"导致的；客人付完账后还要说声："对不起，耽误您时间了"。给客人留有面子，切勿当众指责客人。

（3）若客人已经离开餐厅，可通过留有的信息联系客人追单。

4.客人要求服务员敬酒

（1）表示歉意，婉言拒绝，告知客人酒店规定上班期间员工不允许饮酒。

（2）主动为其服务避开客人注意力，不使其难堪。

（3）借故为其他客人服务，转移话题。

（4）如果推脱不掉，可以以茶代酒，满足客人的需求。

5.餐厅即将关门，客人到餐厅用餐

（1）要热情接待，不能有任何不满情绪。

（2）将客人引领至离厨房比较近的餐位，推荐简单、快速的菜肴，节省时间。

（3）客人未吃完时，服务员绝不能关灯、打扫卫生或催促客人结账。

6.客人用餐时损坏酒店物品

（1）首先关心客人有无被伤到，若有被划伤现象，马上用餐厅急救药箱采取措施。

（2）告知客人继续用餐，服务员立即清理碎片。

（3）若客人是无意打碎的，待客人用餐完毕后婉言向客人收取赔偿费，为了感谢客人的理解，送上一张代金券，让客人在下次消费时使用。

7.发现客人擅自将器皿餐具带离餐厅

（1）马上向餐厅管理人员汇报，在不当着其他客人面的情况下，由领班或经理礼貌地做出解释。

（2）讲究方法和策略，应用语言的技巧，巧妙地使客人自觉交还。

（3）如果客人喜欢的是价格昂贵的餐具，可以帮其联系酒店销售部购买，普通餐具可以赠送给客人留作纪念。

8.服务过程中，不小心将汤汁（饮料）弄脏客人衣服

（1）服务员应立即递上毛巾或餐巾，询问客人有无烫伤并协助客人擦拭。

（2）诚恳地向客人道歉，必要时可由主管或经理出面表示歉意。

（3）不严重的情况下，设法替客人清洁干净，清理现场，再次表示歉意。

（4）可能的情况下，征得客人同意，免费为客人把衣服洗干净。

（5）若衣服无法修复，与客人协商后给予补偿。

9.客人反映服务员的服务态度不好

（1）向客人致歉并迅速将该服务员调至别的区域。

（2）由主管或经理安排一个服务技巧、技能更优秀的服务员为其服务，弥补过失。

（3）客人结账时征求客人的意见并再次致歉。

（4）员工定期强化培训，提高服务意识，提升服务质量。

10.客人投诉餐具不干净

（1）向客人道歉。

（2）立即更换。

（3）加强卫生管理，不让同类事情再次发生。

测试题

一、简答题

1.服务过程中，不小心将汤汁（饮料）弄脏客人衣物怎么处理？

2.客人在饭菜中吃出杂物如何处理？

3.客人反映上菜速度很慢，要求取消所点食物，怎么办？

4.餐厅出现客人跑单现象，如何处理？

5.餐厅即将下班，有客人到餐厅用餐，如何处理？

6.客人用餐时损坏酒店物品，如何处理？

7.客人投诉餐具不干净，如何处理？

二、案例分析题

客人马先生同朋友来到酒店餐厅，找到一个靠窗的安静位置坐下后，许久都没有服务员主动前来招呼，直到马先生喊："服务员点菜"。点菜过程中，服务员没有主动介绍酒店特色菜肴，而是马先生问一句，服务员面无表情、冷冰冰地回答一句，导致马先生心情很不愉快。随后，服务员遭到了客人的投诉。

请分析：

1.处理客人投诉的要领有哪些？

2.客人投诉服务员服务态度不好时，应如何处理？

学习任务3　餐饮安全规范

情境导入

一天，李先生带家人到某餐厅就餐。在迎宾员的引领下，李先生一家三口找到一处相对安静的餐位坐了下来。在用餐的过程中，李先生感觉有些热，于是将外套脱下来，顺手搭在了椅背上，用餐结束后，李先生叫来服务员准备结账，可发现外套口袋中的钱包被偷了。服务员说："我们酒店从来没有发生过这种事件，您仔细想想放在哪儿了？"李先生本打算周末带家人出来放松一下，没想到发生这样的事情，又看到服务员一脸不屑的表情，愤怒之下就报了警。

分析：客人往往在就餐刚开始防范意识比较高，过后就会逐渐放松警惕。服务员在对客人服务过程中，应严格按照安全制度规范服务，在客人脱下外套的那一刻，服务员就应上前提醒并及时为客人衣服罩上衣服套，就会减少或避免这样的事件发生。

一、餐饮部常见事故的预防与处理

餐饮部常见的事故有失窃、割伤、跌伤或砸伤、撞伤、扭伤、烧烫伤、电伤、停水停电及停气等。

（一）餐厅客人贵重物品失窃

客人在餐厅专注用餐时可能会对自己随身物品防范能力大大降低，不免会被混在客人中的不法分子钻空子。具体防范措施是：

（1）加强员工安全培训，提高防范意识。

（2）提醒客人保管好自己的贵重物品。

（3）用椅套套住客人放在椅背上的衣服和手提包。

（4）服务员注意观察不同客人的心理特点。在餐厅不点餐又东张西望的可疑客人，服务员要多关注，必要时应上报安保部。

（5）在餐厅各处位置安装监控系统。

（二）酒店物品失窃

酒店发生的失窃主要有食品、原料、餐具、用具等。防止失窃，就要加强安全保卫措施，具体防护措施如下。

（1）仓库环境的防护。仓库的门、锁、窗等都必须牢固，要有防护设备、报警器、监控器等。仓库的周围禁止堆放易燃、易爆、易污染的物品。

（2）钥匙的管理。钥匙管理应有专人负责，不可随意放置或交于他人保管，工作结束后立即上锁，下班后集中交给饭店安保部，统一放入保险箱内保管，次日上班后签字领取。如果钥匙一旦丢失，应立即报告，不得随意配制钥匙。

（3）厨房用具管理。厨房所使用的用具下班前要清点、整理好，有些较贵重的用具一定要放入橱柜中，上锁保管。

（4）剩余食品原料的管理。尤其是贵重原料在供应结束后，必须妥善放置。需冷藏的放入冰箱，无需冷藏的放入小仓库内，定期盘点。

（5）加强门卫监督。加强酒店员工出口的检查，发现问题应及时汇报并及时查处，切不可隐瞒事故，以防后患。

（三）用具割伤

割伤主要是由于厨房工作人员使用刀具和设备不当而造成的。具体预防措施如下。

（1）在使用具有危险性的设备（绞肉机或搅拌机）前，必须先明确设备装置是否到位。

（2）在使用各种刀具时，注意力要集中，方法要正确，禁止拿着刀具打闹。不得将刀随意乱放，下班后集中保管，行走时刀口向上用手握牢紧贴身体，以免刀口伤人。用完不要将刀放在工作台或砧板的边缘，以免滑落砸伤到脚。一旦发现刀具掉落，切不可用手去接。

（3）清洗刀具时，要讲究方法，洗擦时要将抹布折叠到一定的厚度，由里向外擦，不可触及刀刃；要一件件进行，切不可将刀具浸没在放满水的洗涤池中多件一起清洗；清洗设备时，要先切断电源再清洗。

（4）厨房内如有破碎的玻璃器具和陶瓷器皿，要及时用扫帚清理，不要用手捡。

（5）发现工作区域存在安全隐患时，要及时维修或取下，以免划伤他人。

应急处理：如果发生伤情，立即用厨房急救箱包扎伤口，并视伤势轻重决定是否送医院救治。

（四）跌伤或砸伤

由于餐厅和厨房内地面潮湿、油滑等因素，容易造成跌伤或砸伤。具体预防措施如下。

（1）地面要采用防滑地砖，保持清洁、干燥。油、汤、水洒在地面后，应先放置"小心地滑"警示牌，并立即清理干净。

（2）所有员工的工作鞋要有防滑性能，不得穿凉鞋、拖鞋。

（3）所有通道保持畅通和工作区域内及时清理障碍物，抽屉和柜门应随时关闭。

（4）不要把较重的箱子、盒子等大件物品放在可能掉落的地方，更不能放在高处；存取高处物品时，应当使用专用梯。

（5）员工来回行走路线要明确，尽量避免交叉相撞等。

应急处理：如果发生伤情，立即用厨房或餐厅内的急救箱包扎伤口，并视伤势轻重决定是否送医院救治。

（五）扭伤

扭伤多数是因为搬运超重的货物或搬运方法不当而造成的。具体预防措施如下。

（1）搬运重物前首先估计自己是否能搬动，绝对不要勉强或逞能，尽量借助载重设备或搬运工具。搬运时还要当心手被挤伤或压伤。

（2）抬举重物时，背部要挺直，膝盖弯曲，要用腿力支撑，而不能用背部和腰部的力量。抬重物行走时，应小步挪动，以防扭伤腰部。

（3）举重物时要缓缓举起，使所举物件紧靠身体，不要骤然猛举。

（4）上下楼梯要注意安全，防止脚踝扭伤。

（5）餐厅工作人员在搬运放置转盘时，应将转盘竖立，用臂力和腿力抬起转盘，并将转盘滚放在餐台中间。

（六）烧烫伤

烧烫伤主要是由于员工接触高温食物或用具设备时不注意防护引起的。具体预防措施如下。

（1）餐厅服务员在服务铁板类、明炉和火锅时，应严格按照规程操作，并事先提醒客人。

（2）厨房工作人员在加热设备（烧、烤、蒸、煮等）的周围应留出足够的空间，以免因空间拥挤而被烫伤；同时禁止在炉灶及热源区域打闹。在清理加热设备时，要先冷却后再进行。

（3）工作人员在拿取温度较高的烤盘、铁锅或其他用具时，应戴上防烫手套。同时双手要清洁且无油污，以防打滑。撤下热烫的烤盘、铁锅等工具应及时做降温处理，不得随意放置。在蒸箱或蒸笼内拿取食物时，应先关闭气阀，打开箱门或笼盖，让蒸汽散发后再戴棉手套拿取，以防被蒸汽灼伤。

（4）在使用油锅或油炸炉时，特别是油温较高时，不能有水滴入，不能一次投入过多的原料，否则热油飞溅，极易烫伤。在端离热油锅时，要注意避让，热油冷却时，应单独放置并设有一定的标志。

（5）在炉灶上操作时，应注意用具的摆放，若炒锅、手勺、漏勺、铁筷等用具如果摆放不当，极易使人被炉火烤烫，容易造成烫伤。

应急处理：如果发生烫伤，立即用冷处理并用厨房急救箱的烫伤药膏涂抹，并视伤势轻重决定是否送医院救治。

（七）电击伤

电击伤主要是由员工违反安全操作规程或设备出现故障而引起的，具体预防措施如下。

（1）使用机电设备前，要先了解其安全操作规程，并按规程操作。

（2）设备使用过程中如发现有异常现象时，应立即停止使用并申报维修，不得强行继续使用。

（3）电器设备必须装有安全的接地线；不得随意拆卸、更换设备内的零件和线路。

（4）清洁设备前首先要切断电源。当手上沾有油或水时，不要去触摸电源插头、开关等，以防触电击伤。

（5）使用电设备后，应立即关掉电源。

应急处理：如果发生电击伤或触电，应立即切断电源并呼救，观察是否有呼吸和心跳后再决定是否采用心肺复苏术施救并送医院救治。

（八）停水、停电及停气的处理

经确认停水、停电、停气问题在短时间内无法解决时，酒店应安排专人向相关部门求援，并立即启用临时发电机、临时供水车等救援设备。

（1）酒店工程部应视需要，安排专业维修人员分别前往故障处解救电梯内被困乘客；前往配电房启动应急发电机以保障照明和消防设施设备用电。

（2）保安部应重点关注监控系统、消防系统等运转情况，控制现场，从而防止发生混乱。

（3）餐饮部应要求所有服务员及厨师保持冷静，并稳定就餐客人情绪，采取应急照明措施，向客人说明情况，争取得到客人谅解。

（4）餐厅及时制订对策，调整菜单，提供易于制作的菜肴。

（5）管理人员应在现场进行督导，及时向酒店突发事件应急处置指挥机构反馈情况，并服从统一指挥。

二、食物中毒的种类与应急预案

食物中毒是指人们食用了有毒的食物而引起的一种在短时间内爆发的非传染性的急性疾病的总称。其特点是潜伏期短，一般为48小时以内，但没有传染性，集体患者有共同的食物史，患者的临床表现多为急性肠胃炎，以恶心、呕吐、腹痛、腹泻为主，往往伴有发烧，吐泻严重的还可能发生脱水、酸中毒、甚至休克和昏迷等症状。

（一）食物中毒的种类

按病因物质的不同，食物中毒一般可分为细菌性食物中毒、真菌毒素食物中毒、化学性食物中毒和有毒动植物食物中毒四类。

1. 细菌性食物中毒

细菌性食物中毒主要发生在气温较高的夏秋季。中毒食品主要是肉类、乳制品类、蛋及其制品类和水产品等动物性食品，预防方法如下。

（1）严禁食用病死的家畜禽肉。

（2）严格执行生熟食品分开存放制度。

（3）加工场所应符合由生到熟的过程，不能交叉污染；成品菜加热后才能食用。

（4）禁止活禽畜进入厨房或食品加工室。

（5）注意环境卫生和个人卫生，做好防蝇、灭鼠、灭蟑螂工作，杜绝污染源。

2. 真菌毒素食物中毒

真菌毒素食物中毒是由食入含有毒真菌产生的大量毒素的食物所引起的。中毒食品一般是粮谷类及其制品以及甘蔗等。真菌毒素耐热，不宜被一般烹调加热所破坏，毒素对人和动物有突发性脏器损害，并会产生后遗症，且无特殊疗法，预防方法如下。

（1）不食用霉变食物。

（2）注意粮食的防潮防霉。

3.化学性食物中毒

化学性食物中毒是由一些有毒的金属、非金属及其化合物，农药和亚硝酸盐等化学物质污染而引起的食物中毒。主要化学物质为砷、锌等金属化合物和亚硝酸盐等。预防方法如下：

（1）食品生产加工过程中使用的添加剂必须符合卫生质量要求，添加量要严格控制在规定标准内。

（2）严禁食用因农药毒死的牲畜和家禽。

（3）禁止在镀锌容器中盛放、煮制、加工酸性食品，尽量使用不锈钢制品。

（4）蔬菜要注意保鲜，防止腐烂变质。

（5）加强硝酸盐和亚硝酸的管理，不食用剩菜，腌菜必须腌透才能食用。

4.有毒动植物食物中毒

有些动植物中有天然的有毒成分，如误食或加工不当则引起中毒，如河豚、毒蘑菇、发芽的马铃薯和未煮透的扁豆，预防方法如下。

（1）提高鉴别有毒蘑菇的能力，防止误食。

（2）青皮红肉的鱼类（鲐鱼、鲱鱼等）容易分解产生大量组胺，应及时冷藏和加工，保持较高的新鲜度。

（3）食用油与非食用油应分别存放，以免误食。

（4）马铃薯应放在干燥阴凉处，避免日光照射，以防止发芽；鲜黄花菜和扁豆应炒至熟透后再食用。

（二）食物中毒的应急预案

（1）首先应了解中毒者人数、症状程度等基本情况，并向饭店总机或危机应急中心报警，总机或危机应急中心立即向饭店总经理等高层领导报告，按指示处理。

（2）安排酒店工作人员妥善安置中毒者，保护好现场并将食物留样。

（3）安排医务人员携带急救药品和器材赶往现场，实施必要的紧急抢救，并根据具体情况决定是否将中毒者送往医院抢救，或等待急救中心专业人员处理。

（4）安排食品化验员了解详细情况，找出可能污染的食品及餐具，并对呕吐物等加以封存，进行食物的取样化验。

（5）酒店安保部应派人做好现场保护工作，协助医护人员抢救中毒者，做好询问记录，并视情况决定是否划定警戒区，及时对相关厨房、餐具、食品进行封存。

三、餐饮部火灾的预防措施与应急预案

造成餐厅或厨房火灾的主要原因有：电器失火、烹调起火、抽烟机及管道起火、加热设

备起火以及其他人为因素造成的火灾等。

（一）火灾的预防措施

（1）各种电动设备的安装必须符合防火安全要求，严禁违规操作。各种电器绝缘要好，接头要牢，要有严格的保险装置。

（2）楼层厨房不得使用瓶装液化石油气。煤气管道也应从室外单独引入，不得穿过客房或其他房间。厨房内的煤气管道及各种灶具附近不准堆放可燃、易燃、易爆物品。煤气罐与燃烧器及其他火源的距离不得小于1.5m。各种灶具及煤气罐的维修、保养、开关阀门、换气应指定专人负责。

（3）炉灶要保持清洁，排油烟罩要定期擦洗、保养，保证设备正常运转。厨房在油炸、烘烤各种食物时，油锅及烤箱温度应控制适当，油锅内的油量不得超过最大限度的容量。

（4）正在使用火源的操作人员，不得随意离开自己的岗位，不得粗心大意，以防发生意外。厨房各岗位员工在下班前，要有专人负责关闭能源阀门及开关，负责检查火种是否已全部熄灭。对易燃气体管道、接头、仪表、阀门必须定期检查。

（5）酒店必须备有足够的灭火设备，要在固定位置存放，且要求所有员工学会正确使用。

（二）火灾的应急预案

火灾是指在时间上或空间上失去控制的、并对财产和人身造成损害的燃烧现象。在各种灾害中，火灾是最经常、最普遍的威胁人身安全、财产安全的主要灾害之一。

（1）任何员工若发现有异常的燃烧味、烟雾或火焰等迹象，应在第一时间报告饭店消防控制中心。酒店消防控制中心应立即安排人员赶赴现场，甄别火情，现场人员扑救初起火灾，并视情况及时启动灭火设施、应急广播系统、送风系统和监控报警系统等。

（2）餐饮部人员应立即关闭所有厨房明火，安抚就餐客人。在饭店下达紧急疏散指令后，疏散就餐客人和员工到建筑物外指定的安全区域，并及时统计就餐人数，反馈执行情况。

（3）安保部除了现场扑救和人员疏散工作外，还要维持店外秩序，保障消防车通道顺畅，阻止无关人员进入饭店。

（4）工程部负责根据火情关闭空调、停气、断电，启动应急发电机等，确保消防电梯正常使用，解救电梯内被困乘客，保证喷淋泵和消火栓泵供水等。

（5）前厅部应通知电话总机确保店内通信畅通，打印住店客人名单，清除门前障碍。

（6）客房部必要时统计各楼层客人人数，做好疏散工作等。

（7）应及时通知医务室做好救护伤员的准备，人力资源部迅速统计在店员工人数，安排宿舍管理员组织在宿舍的员工随时待命。

（8）财务部应收集和保管好现金、账目和重要票据等，通知电脑机房做好重要资料的备份和保管工作等。

（三）灭火的原理与方法

1. 火灾原理

燃烧必须具备三个条件，即可燃物、热源、氧气。如果去掉其中一个条件，燃烧即停止。

2. 灭火的基本方法

（1）隔离法。就是将可燃物隔离开，燃烧由于没有可燃物，火就会自然熄灭。

（2）窒息法。就是阻止空气流入燃烧区，即切断燃烧中氧的供给，使燃烧因得不到足够的氧而熄灭。

（3）冷却法。就是将燃烧的温度降至燃点以下，具体做法是将水或灭火物质直接喷射到燃烧物上，使燃烧物温度降低，火苗熄灭。

（4）抑制法。使用化学灭火剂抑制燃烧，使燃烧终止。

3. 常用的灭火器材及使用方法

饭店常用的灭火器材有两类：一类是自动灭火系统，另一类是手动式灭火器材。建筑物内部要求配有灭火器箱，自动灭火系统一般适用于日常可燃品，如木材、纸、布等物的燃烧。而对于厨房中食油、煤气、电器等引起的燃烧，依靠自动灭火系统是不行的。下面介绍几种厨房灭火常用的器材。

（1）二氧化碳灭火器。二氧化碳是一种不助燃气体，它的密度比空气大，以液态形式灌入钢瓶内。二氧化碳灭火器的原理是冷却燃烧物和冲淡燃烧层空气中氧的含量，使燃烧停止。二氧化碳灭火器主要用于扑救电器设备的火灾及食油、汽油、油漆等火灾。

该灭火器有手动开启式（即鸭嘴式）和螺旋开启式（即手轮式）两种。使用方法如下。

①手动开启式灭火器在使用时应先拔去保险销，一手握紧喷筒把手，对准燃烧物，另一手将鸭舌往下压，二氧化碳即由喇叭口喷出，不用时将手放松即行关闭。

②螺旋开启式的灭火器在使用时先将铅封去掉，一手握住喷筒把手，对准燃烧物，另一手将旋钮朝顺时针方向旋转开启，二氧化碳气体即行喷出二氧化碳灭火器使用注意事项：应注意风向，避免逆风使用；在灭火时，喷筒要从侧面从火源上方往下喷射，喷射方向要保持一定角度，使二氧化碳能迅速覆盖火源；灭火时不要将灭火器放在身前靠近火源处。

（2）干粉灭火器。干粉灭火器是一种效能较好的灭火器材。它是一种细微的粉末与二氧化碳的联合装置，靠二氧化碳气体做动力，将粉末喷出覆盖在燃烧物体上，使之与空气隔绝而灭火。这种干粉无毒、无腐蚀作用。干粉灭火器主要用于各种油料燃烧、电器燃烧等。干粉不导电，可以用于扑灭带电设备的火灾。

干粉灭火器的使用方法：在使用干粉灭火器时，拔出保险销，一手拿着喷嘴胶管，对准燃烧物体；另一手握住提把，拉起提环，粉雾即喷出。

干粉灭火器使用的注意事项与二氧化碳灭火器相同。

（3）泡沫灭火器。泡沫灭火器主要用来扑灭油类、可燃液体和可燃固体的初起火灾。此灭火器不宜扑灭可溶性液体的火灾。

化学泡沫灭火器内装有酸性物质（硫酸铝）和碱性物质（碳酸氢钠）。这两种水溶剂经混合后发生化学反应而产生化学泡沫。由于这些泡沫重量轻，可以漂浮在液体表面形成一个泡沫覆盖层，也可以黏附在一般可燃物的表面，隔断空气、降低燃烧物表面的温度，从而可以达到灭火效果

（4）"1211"灭火器。"1211"是卤化物二氟一氯一溴甲烷的代号，是卤代烷灭火剂的一种。该灭火器是一种新型高效、安全的灭火器材。它的绝缘性能好，灭火时不污损物品，灭火后不留痕迹，毒性低、腐蚀性小，并有速度快和久储不变质的优点。该灭火器可用于油类、化工原料、易燃液体、精密设备、电器设备等燃烧物质的灭火，但不适合于活泼金属、金属氢化物及本身是氧化剂的燃烧物质的火灾。

在使用"1211"灭火器时，只要拔掉安全销，然后握紧压把开关，压杆就会使密封阀开启，"1211"在氮的压力作用下，通过吸管由喷嘴射出；当松开把手时，阀门关闭停止喷射。应垂直操作，不可将钢瓶平放或顺倒使用。在灭火时，喷嘴要对准火焰根部，并向火焰边缘左右扫射，快速向前推进，如有零星火可以点射扑灭。

（5）水基灭火器。水基型（水雾）灭火器在喷射后成水雾状，瞬间蒸发大量热量，迅速降低火场温度，抑制热辐射。表面活性剂在可燃物表面迅速形成一层水膜，隔离氧气，降温、隔离双重作用，从而达到快速灭火的目的。

除了灭火之外，水雾型灭火器还可以用于火场自救。在起火时，将水雾灭火器中的药剂喷在身上，并涂抹于头上，可以使自己在普通火灾中完全免除火焰伤害，在高温火场中最大限度地减轻烧伤。

以上介绍的几种灭火器，使用都较简单，但在灭火时，切勿忘记拔去安全保险销。灭火器的存放和保养必须指定专人负责，切不可将灭火器作为一种摆设，要定期检查药物、气体是否泄漏，如发生泄漏，要及时更换或维修。

测试题

 一、选择题

1.清洁锐利的刀片时要谨慎，洗擦时要将抹布折叠到一定的厚度，擦洗顺序是（   ）。

A. 由外向里   B. 由里向外   C. 环形   D. 由上向下

2. 食物中毒的特点是潜伏期短，一般不超过（   ）。

A.18 h   B.24 h   C.36 h   D.48 h

3. 煤气罐与燃烧器及其他火源的距离不得少于（   ）。

A.1 m   B.1.5 m   C.2 m   D.2.5 m

4. 主要用来扑救电器设备的火灾及食油、汽油、油漆等火灾的灭火器是（　　）。

A. 二氧化碳　　　　　　B. 干粉　　　　　　　C. 泡沫　　　　　　　D.1211

5. 主要用来扑救各种油料燃烧、电器燃烧等的灭火器是（　　）。

A. 二氧化碳　　　　　　B. 干粉　　　　　　　C. 泡沫　　　　　　　D.1211

6. 主要用来扑灭油类、可燃液体和可燃固体的初起火灾的灭火器是（　　）。

A. 二氧化碳　　　　　　B. 干粉　　　　　　　C. 泡沫　　　　　　　D.1211

7. 将可燃物隔离开，燃烧由于没有可燃物，火就会自然熄灭，这种灭火方法是（　　）。

A. 窒息法　　　　　　　B. 冷却法　　　　　　C. 隔离法　　　　　　D. 抑制法

8. 阻止空气流入燃烧区，即切断燃烧中氧的供给，使燃烧由于得不到足够的氧而熄灭，这种灭火方法是（　　）。

A. 窒息法　　　　　　　B. 冷却法　　　　　　C. 隔离法　　　　　　D. 抑制法

9. 将水或灭火物质直接喷射到燃烧物上，使燃烧物温度降低，火苗熄灭，这种灭火方法是（　　）。

A. 窒息法　　　　　　　B. 冷却法　　　　　　C. 隔离法　　　　　　D. 抑制法

 ## 二、简答题

1. 酒店物品失窃的防护措施有哪些？

2. 预防割伤的措施有哪些？

3. 预防跌伤或砸伤的措施有哪些？

4. 预防细菌性食物中毒的方法有哪些？

5. 预防化学性食物中毒的方法有哪些？

6. 预防火灾的措施有哪些？

7. 火灾的应急预案有哪些？

8. 灭火的方法有哪些？

 ## 三、案例分析题

2019 年 9 月，××消防支队接到报警电话，事故原因是××餐饮有限公司厨师违规操作引发的厨房油锅起火。厨师开火热油离开 3 分钟后油锅可见明显冒烟，5 分钟后油锅起火，在此时间段内，厨房一直无人看护，待起火后厨师归来，先使用锅盖实施灭火，但由于火势较大，效果甚微，最后消防站人员抵达现场使用灭火器将锅内明火扑灭，从而避免了更大的损失。

请分析：

1. 预防火灾的措施有哪些？

2. 常用的灭火器材有哪些？

参考文献

［1］樊平，李琦. 餐饮服务与管理［M］. 北京：高等教育出版社，2019.

［2］陈燕航，张水芳，王霞云，黄志明. 西餐服务［M］. 北京：中国人民大学出版社，2019.

［3］当春燕，王仕魁. 西餐服务与管理［M］. 杭州：浙江大学出版社，2018.

［4］杨囡囡，车延红，张怡. 宴会设计［M］. 济南：山东人民出版社，2016.

［5］陈颖，张水芳. 宴会设计与服务［M］. 南京：南京大学出版社，2022.

［6］孙娴娴. 餐饮服务与管理综合实训［M］. 北京：中国人民大学出版社，2020.

［7］田芙蓉. 酒水服务与酒吧管理［M］. 昆明：云南大学出版社，2009.

［8］崔梦萧，陈海凤. 餐饮服务与管理［M］. 北京：中国人民大学出版社，2021.

［9］林小文. 调酒知识与酒水出品实训教程［M］. 北京：科学出版社，2016.

［10］冯飞. 餐饮服务与管理一本通［M］. 北京：化学工业出版社，2019.

［11］张建国. 中餐服务［M］. 北京：高等教育出版社，2022.

［12］刘俊敏. 酒店餐饮部精细化管理与标准化服务［M］. 北京：人民邮电出版社，2016.

［13］邓敏，张翠菊. 餐饮服务与管理［M］. 北京：旅游教育出版社，2017.

［14］（美）美德华·桑德斯，玛塞拉·吉亚纳西奥. 专业餐饮服务技术［M］. 汪春蓉，林洁，译. 广州：广东旅游出版社，2019.

［15］马开良，叶伯平，葛焱. 酒店餐饮管理［M］. 北京：清华大学出版社，2013.

［16］童霞. 中餐服务技能实训［M］. 北京：机械工业出版社，2012.